RUDOLF STEINER

Das Tor des Mondes und das Tor der Sonne

Das Wirken der Individualität im geschichtlichen Werden

Zwei Vorträge, gehalten in Bern
am 25. Januar und 16. April 1924

1982
RUDOLF STEINER VERLAG
DORNACH / SCHWEIZ

Nach vom Vortragenden nicht durchgesehenen Nachschriften
herausgegeben von der Rudolf Steiner-Nachlaßverwaltung

Die Herausgabe besorgte Robert Friedenthal

EINZELAUSGABE

1. Auflage Dornach 1940

2. Auflage Dornach 1970

3. Auflage (fotomechanischer Nachdruck)
Dornach 1982

Sonderdruck aus Bibliographie-Nr. 240
«Esoterische Betrachtungen karmischer Zusammenhänge» Band VI
Gesamtausgabe, Dornach 1977

Umschlagzeichen von Assia Turgenieff, Schrift von B. Marzahn

Printed in Switzerland by Zbinden Druck und Verlag AG, Basel

ISBN 3-7274-5152-1

INHALT

ERSTER VORTRAG, Bern, 25. Januar 1924 7

Mond und Sonne als die beiden Tore der geistigen Welt. Vergangenheit (Individualität) und Zukunft (das Allgemein-Menschliche). Notwendigkeit und Freiheit: Kosmisches Monden- und Sonnendasein. Urweisheit der Menschheit. Mond und Sonne bei der schicksalhaften Begegnung zweier Menschen. Mond: Vergangenheit – Notwendigkeit; Sonne: Zukunft – Freiheit. Die Empfindung des kosmischen Schicksals. Impulse der Weihnachtstagung.

ZWEITER VORTRAG, Bern, 16. April 1924 29

Der neue esoterische Impuls in der anthroposophischen Bewegung. Praktische Karmafragen. Die geschichtliche Entwickelung der Menschheit. Naturwissenschaft und Arabismus. Vater-, Sohn- und Geistesmysterien der Alten. Der Impuls der Freiheit im Christentum, Gegenimpuls im Mohammedanismus. Der Hof Harun al Raschids. Die «Pansophia» des Amos Comenius. Conrad Ferdinand Meyer und Heinrich Pestalozzi.

Hinweise 51

Rudolf Steiner über die Vortragsnachschriften 53

Übersicht über die Rudolf Steiner Gesamtausgabe 55

Zu den Veröffentlichungen aus dem Vortragswerk von Rudolf Steiner

Die Grundlage der anthroposophisch orientierten Geisteswissenschaft bilden die von Rudolf Steiner (1861-1925) geschriebenen und veröffentlichten Werke. Daneben hielt er in den Jahren 1900 bis 1924 zahlreiche Vorträge und Kurse, sowohl öffentlich wie auch für die Mitglieder der Theosophischen, später Anthroposophischen Gesellschaft. Er selbst wollte ursprünglich, daß seine durchwegs frei gehaltenen Vorträge nicht schriftlich festgehalten würden, da sie als «mündliche, nicht zum Druck bestimmte Mitteilungen» gedacht waren. Nachdem aber zunehmend unvollständige und fehlerhafte Hörernachschriften angefertigt und verbreitet wurden, sah er sich veranlaßt, das Nachschreiben zu regeln. Mit dieser Aufgabe betraute er Marie Steiner-von Sivers. Ihr oblag die Bestimmung der Stenographierenden, die Verwaltung der Nachschriften und die für die Herausgabe notwendige Durchsicht der Texte. Da Rudolf Steiner aus Zeitmangel nur in ganz wenigen Fällen die Nachschriften selbst korrigieren konnte, muß gegenüber allen Vortragsveröffentlichungen sein Vorbehalt berücksichtigt werden: «Es wird eben nur hingenommen werden müssen, daß in den von mir nicht nachgesehenen Vorlagen sich Fehlerhaftes findet.»

Über das Verhältnis der Mitgliedervorträge, welche zunächst nur als interne Manuskriptdrucke zugänglich waren, zu seinen öffentlichen Schriften äußert sich Rudolf Steiner in seiner Selbstbiographie «Mein Lebensgang» (35. Kapitel). Der entsprechende Wortlaut ist am Schluß dieser Ausgabe wiedergegeben. Das dort Gesagte gilt gleichermassen auch für die Kurse zu einzelnen Fachgebieten, welche sich an einen begrenzten, mit den Grundlagen der Geisteswissenschaft vertrauten Teilnehmerkreis richteten.

Nach dem Tode von Marie Steiner (1867-1948) wurde gemäß ihren Richtlinien mit der Herausgabe einer Rudolf Steiner Gesamtausgabe begonnen. Die vorliegende Einzelausgabe ist dem auf Seite 4 genannten Band der Gesamtausgabe entnommen.

ERSTER VORTRAG

Bern, 25. Januar 1924

Der Mensch verdankt sein gegenwärtiges Erdenleben – wir wissen ja, daß er wiederholte Erdenleben durchmacht – zum Teil der äußeren Welt, und zwar der äußeren Welt im weiteren Sinne; nicht nur dem, was unmittelbar auf der Erde in den verschiedenen Reichen der Natur um ihn ist, sondern auch demjenigen, was ihm aus den Gestirnen, aus den Weiten des Kosmos zukommt. Das aber ist nur der eine Teil der Welt, dem der Mensch sein gegenwärtiges Erdenleben verdankt; vor allen Dingen verdankt er es auch dem anderen Teile, von dem er sich aber in dieses Erdenleben nur innerlich die Ergebnisse, die Wirkungen mitbringt: er verdankt es seinen früheren Erdenleben selber. Wir gliedern ja den Menschen, wie Sie aus der anthroposophischen Literatur wissen, zunächst in vier Glieder. Von seinem physischen Leib und von seinem Ätherleib, von diesen beiden trennt sich der Mensch jedesmal, wenn er in Schlaf übergeht; er trennt sich von seinem physischen und Ätherleib mit seinem astralischen Leib und mit seinem Ich. Nur unser physischer Leib und unser Ätherleib verdanken ihre ganze Wesenheit der äußeren Welt, die sichtbar – oder wohl auch als Ätherwelt unsichtbar – um uns ist. Dagegen, was der Mensch in sich trägt in seinem astralischen Leib und in seinem Ich, das verdankt er im gegenwärtigen Erdendasein eigentlich durchaus der Vorzeit, verdankt er dem, was er in früheren Erdenleben mit der Welt durchgemacht hat.

Nun sind auch in der äußeren physischen Welt zwei Tore – lassen Sie uns heute mit dieser kosmischen Betrachtung beginnen, um dann mit einer recht menschlichen abzuschließen –, es sind, sage ich, in der physischen Welt zwei Tore, durch die eigentlich das Menschenleben in seiner Ganzheit hinausreicht aus dieser physischen Welt. Und diese zwei Tore sind für uns Erdenbewohner auf der einen Seite der Mond, auf der anderen Seite die Sonne.

Sehen Sie, meine lieben Freunde, es ist ja so, daß die heutige äußere Wissenschaft wirklich nur das Allergeringste von den außerirdischen Himmelskörpern weiß. Sie weiß eben das Physische, das man durch

Rechnung bestimmen oder durch Instrumente beobachten kann. Denken Sie nur einmal daran, was etwa ein Marsbewohner von der Erde wüßte, wenn er in derselben Art wie die Erdenbewohner vom Mars oder gar von anderen Sternen seine Kenntnisse von der Erde erwerben würde. Er würde eben auch von der Erde nur so viel wissen: sie ist ein glimmend leuchtender Körper, der in den Weltenraum hinaus das von ihm zurückgeworfene Sonnenlicht strahlt. Er würde vielleicht allerlei Hypothesen aufstellen, ob auf der Erde Wesen sind, oder nicht Wesen sind – wie es ja der Mensch für den Mars macht und so weiter. Aber der Erdenbewohner weiß ja natürlich von der Erde selbst, daß er mit Wesen seinesgleichen, mit Wesen anderer Reiche zusammen die Erde bewohnt. Derjenige nun, der von den inneren geistigen Schicksalen der Erdenmenschheit seine Kenntnisse holen kann, der kommt eben aus geistigen Untergründen heraus zu einer tieferen Erkenntnis dessen, was die anderen Himmelskörper, was zum Beispiel der Mond und die Sonne innerhalb der Welt eigentlich bedeuten.

Lassen wir einmal vor unsere Seele treten, was in dieser physisch-seelisch-geistigen Bedeutung über das Mondendasein zu sagen ist. Ich muß an allerlei erinnern, das Sie nachlesen können in meiner «Geheimwissenschaft im Umriß» und in verschiedenen Vortragszyklen, die gedruckt sind. Wir wissen daraus, daß das Mondendasein einmal mit dem irdischen Dasein verknüpft war. Das nimmt ja selbst heute die äußere Wissenschaft an, wenigstens in ihren wichtigeren Vertretern, daß der ganze physische Monden-Weltkörper sich einmal losgetrennt hat von der Erde und sozusagen seinen eigenen Ort im Weltenraum gewählt hat.

Aber die Geisteswissenschaft zeigt uns, daß nicht nur der physische Mond sich von der Erde getrennt hat, sondern mit diesem Monde andere Wesenheiten, die einmal gemeinsam mit dem Menschen die Erde bewohnt haben, die allerdings viel geistigerer Art waren, als der Mensch in seinem physischen Leibe es ist, aber die dennoch einen intensiven Verkehr mit dem Menschen gehabt haben, wenn auch nicht auf die Weise, wie der heutige menschliche Verkehr vermittelt wird.

Wer die Vorzeit der Erde, vielleicht auch zunächst nur äußerlich, in ihren Geisteserzeugnissen studiert, der bekommt ja, wenn er zurückgeht in den verschiedenen Zivilisationen, eine große Ehrfurcht vor dem, was einmal an Zivilisationen auf Erden vorhanden war. Allerdings, so gescheit in unserem gegenwärtigen Sinne, wie wir gegenwärtigen Menschen uns dünken, so gescheit waren unsere Vorfahren, das heißt wir selbst in früheren Erdenleben, gewiß nicht. Aber gewußt haben diese Vorfahren mehr. Man erlangt Wissen eben nicht nur durch Gescheitheit. Gescheitheit kommt vom Verstande, und der Verstand ist eben nur *eine* Fähigkeit der Menschen, wenn er auch gegenwärtig namentlich von der Wissenschaft am allermeisten von allen Fähigkeiten geschätzt wird. Aber schließlich, wenn wir heute die Welt anschauen, wie sie sich in moralischer, in sozialer Beziehung namentlich in dem gesegneten 20. Jahrhunderte entwickelt hat, dann brauchen wir auf unsere Verstandeskultur eigentlich nicht besonders stolz zu sein. Diese Verstandeskultur hat sich eben erst im Laufe der Zeit ergeben. Und wie gesagt, wenn wir nur an Hand der äußeren Geschichte zurückgehen und wahrnehmen, was herrührt, sagen wir zum Beispiel vom alten Orient, dann kann uns eine große Ehrfurcht überkommen. Wir könnten selbst manche Erzeugnisse sogenannter wilder Völker anführen; aber bleiben wir bei den Erzeugnissen des indischen Orients, des persischen Orients, sehen wir uns an, welch Wunderbares da hinter allem ist, in der alten Dichtung, in der Vedendichtung, in der alten Philosophie, der Vedantaphilosophie, der Jogaphilosophie. Wenn man das nicht oberflächlich auf sich wirken läßt, sondern wenn man es auf sich wirken läßt mit all den Tiefen, die es birgt, dann bekommt man eine immer größere Ehrfurcht vor dem, was alte Zeiten nicht auf dem Wege der gewöhnlichen Gescheitheit, sondern gewiß auf einem anderen Wege hervorgebracht haben. Aber sie haben es eben hervorgebracht.

Nun zeigt uns Geisteswissenschaft, daß eigentlich dasjenige, was sich durch äußerliche Dokumente erhalten hat, ja nur die Reste sind einer wunderbaren Urweisheit der Menschheit, die allerdings viel mehr dichterisch, künstlerisch aufgetreten ist als unser heutiges Wissen, die aber dennoch eine wunderbare Urweisheit der Menschheit war. Diese Urweisheit haben die Menschen eben erhalten durch Wesen, die weit hinausragen über die eigene menschliche Entwickelung der Erde. Denken, verständig denken, das geschieht ja durch unseren physischen Leib.

Diese Wesenheiten haben nicht einen physischen Leib gehabt; daher rührt die Tatsache, daß sie in einer mehr dichterischen, künstlerischen Art ihr Urwissen der Menschheit überliefert haben.

Aber diese Wesenheiten sind nicht bei der Erde geblieben, sondern sie bewohnen in ihrer Mehrzahl tatsächlich heute den Monden-Weltenkörper. Was die heutige Wissenschaft erkunden kann, das ist eben nur das Äußerliche des Mondes. Der Mond ist der Träger hoher geistiger Wesenheiten, die einmal die Aufgabe gehabt haben, die Erdenmenschheit mit der Urweisheit zu inspirieren, die sich dann zurückgezogen haben und gewissermaßen diese Mondenkolonie im Weltenall zu begründen hatten. Schon das, was ich so sagen muß von diesen Wesenheiten, die also eigentlich heute die Mondbewohner sind, das zeigt uns, daß unsere eigene menschliche Vergangenheit mit diesen Wesenheiten verknüpft ist. Wir waren in früheren Erdenleben die irdischen Genossen dieser Wesenheiten. Und es zeigt sich sogleich unser Verknüpftsein mit ihnen, wenn wir hinausschauen über dasjenige, was die äußere Erkenntnis und das äußere Leben dem Menschen geben kann. Denn wenn wir auf all das schauen, was in uns bestimmend ist, aber was nicht von unserem Verstande abhängt, sondern was gewissermaßen über den Verstand hinaus mit unserem tieferen Menschenwesen zusammenhängt, dann finden wir, daß auch heute noch diese Mondenwesenheiten, wenn sie ihren Wohnplatz auch nicht mehr auf Erden haben, mit unserem inneren Sein verknüpft sind. Denn bevor wir auf die Erde herabsteigen, durch unsere Vorfahren einen physischen Leib bekommen, waren wir oder sind wir ja in einer geistigen Welt in dem vorirdischen Dasein. In diesem vorirdischen Dasein haben wir auch heute noch mit diesen alten Genossen unseres Erdendaseins viel zu tun. Wir steigen sozusagen aus den geistigen Welten herab in unser irdisches Dasein, indem wir die Sphäre des Mondes passieren, indem wir durchkommen durch das Mondendasein. Und so wie einstmals diese Mondenwesen auf der Erde selbst hier für uns Menschen tief bestimmend waren, so sind sie heute noch bestimmend für die Erdenmenschen, indem sie dem menschlichen Ich und dem menschlichen astralischen Leib dasjenige einprägen, was sich dann überträgt in den physischen Leib, wenn der Mensch physischer Erdenmensch wird.

Nicht wahr, man kann ja nicht beschließen, ein Talent zu sein, auch nicht ein Genie zu sein. Man kann nicht einmal beschließen, so ohne weiteres ein guter Mensch zu sein. Dennoch, es gibt Talente, es gibt Genies, es gibt sozusagen durch die Geburt gute Menschen. Das ist etwas, was der Verstand nicht machen kann, was mit dem inneren tiefen Wesen des Menschen zusammenhängt, wovon er sich ein gut Teil mitbringt, indem er durch die Geburt aus einem vorirdischen Dasein in das irdische eintritt. Dieses seinem Ich und seinem astralischen Leib einzuprägen, was dann sozusagen in sein Blut, in seine Nerven schießt als Talent, als Begabung, als der Wille zum Guten oder zum Bösen, dieses ihm einzuprägen, das ist die Aufgabe der Mondwesen, wenn der Mensch in seinem vorirdischen Dasein die Mondensphäre passiert. Und nicht nur, wenn in den bekannten poetischen Stimmungen Liebende im Mondenschein spazieren gehen, ist der Mond von Einfluß auf das, was tiefer im Menschen, was mehr unter dem Bewußtsein webt und lebt, sondern bei alledem ist dieses Mondendasein wirksam, was eben aus den Tiefen des Menschen heraufkommt und ihn eigentlich *unter* seinem Verstande zu dem macht, was er im Erdenleben eigentlich ist. Und so hängen heute noch diese Mondenwesen dadurch mit unserer Vergangenheit zusammen, daß sie es sind, die nach unseren früheren Erdenleben uns prägen, sozusagen im vorirdischen Dasein, damit wir als dieser bestimmte Mensch im irdischen Dasein auftreten können.

Blicken wir also zurück in unserem Leben, da wo sozusagen unser Leben aus dem irdischen Bereich hinausgeht in das eigentlich Geistige hinein, in jenes Geistige hinein, aus dem heraus wir dann bestimmt sind nach unseren innersten Fähigkeiten, nach unserem Temperament, sogar nach dem innersten Wesen unseres Charakters, blicken wir zurück, so finden wir in dem Monde das eine Tor aus der physischen Welt hinaus in die geistige. Er ist das Tor, durch das die Vergangenheit in unser Menschenleben hereinzieht, und er ist dasjenige, was uns eigentlich die Individualität gibt, was uns zu diesem bestimmten individuellen Menschen macht.

Das andere Tor ist die Sonne. Aber der Sonne verdanken wir nicht unser individuelles Leben. Die Sonne leuchtet nicht nur über Gute und Böse in gleicher Weise, sondern die Sonne leuchtet auch über Genies und Dummköpfe in gleicher Weise. Die Sonne kennt zunächst für das irdische Leben nichts, was mit der Individualität unmittelbar zusammenhängt. Es ist ja nur eines, das von der Sonne her mit der irdischen Individualität zusammenhängt. Und das konnte nur dadurch eintreten, daß in einem bestimmten Zeitpunkte der Erdenentwickelung ein hohes Sonnenwesen, der Christus, eben nicht auf der Sonne geblieben ist, sondern von der Sonne aus auf die Erde herabgestiegen ist, in einem Menschenleibe Erdenmensch geworden ist und dadurch sein eigenes Weltenschicksal mit dem Erdenschicksal der Menschheit vereinigt hat. Dadurch, daß der Christus aus einem Sonnenwesen ein Erdenwesen geworden ist, dadurch hat er den Zugang bekommen zu den einzelnen menschlichen Individualitäten. Die anderen Sonnenwesen, die in der Sonne geblieben sind, haben nicht den Zugang zu den einzelnen menschlichen Individualitäten, sondern nur zu dem Allgemeinen der Menschheit. Dem Christus ist sogar etwas davon geblieben, aber etwas, was für unsere Erdenmenschheit unendlich segensreich ist: was ihm geblieben ist, das ist, daß sein Wirken nicht irgendeine menschliche Differenzierung kennt. Der Christus ist nicht der Christus dieser oder jener Nation, nicht der Christus dieses oder jenes Standes, nicht dieser oder jener Klasse, der Christus ist der Christus für alle Menschen ohne Unterschied von Klasse, Rasse, Nation und so weiter. Der Christus ist auch insofern nicht der Christus der Individualitäten, als er in seiner Wirksamkeit dem Genie und dem Toren in gleicher Weise innerlich Hilfe leistet. Es hat der Christus-Impuls Zugang zu der Individualität des Menschen, und gerade er muß im tiefsten Inneren wirken, wenn er überhaupt im Menschen zur Wirksamkeit kommen soll. Nicht die Verstandeskräfte, sondern die tiefsten Seelen- und Herzenskräfte sind es, die den Christus-Impuls aufnehmen müssen; wenn er aber dann aufgenommen wird, wirkt er nicht im Sinne des Individuell-Menschlichen, sondern ganz im Sinne des Allgemein-Menschlichen. Dieses allgemeinmenschliche Wirken, das eignet dem Christus, weil er ein Sonnenwesen ist.

Aber sehen Sie, indem wir zurückblicken und uns in diesem Zurückblicken verbunden fühlen mit dem Mondendasein, wissen wir ja, daß wir etwas in uns tragen, das wir nicht der Gegenwart verdanken, das eigentlich ein Stück nicht nur irdischer, sondern sogar kosmischer Vergangenheit ist. Wir Menschen verbinden es eben in unserem gegenwärtigen Erdendasein mit der Gegenwart, dieses Stück Vergangenheit. Man bedenkt gewöhnlich nicht, was eigentlich alles in diesem Stück Vergangenheit steckt. Wir wären als Menschen nicht viel, wenn nicht diese Vergangenheit in uns steckte. Das, was wir uns aneignen, unmittelbar wenn wir heruntersteigen aus dem vorirdischen Dasein in das irdische, das hat eigentlich sogar etwas Automatisches, das Automatische unseres physischen und unseres Ätherleibes. Dasjenige, was in bestimmter Weise uns zu diesem oder jenem Menschen macht, das ist innig zusammenhängend mit unserer Vergangenheit und damit mit dem Mondendasein. Aber ebenso wie wir durch unser Mondendasein mit der Vergangenheit zusammenhängen, so hängen wir durch das Sonnendasein mit unserer Zukunft zusammen. Für den Mond sozusagen, namentlich auch mit Bezug auf die Wesen, die sich auf ihn zurückgezogen haben, waren wir reif in früheren Zeiten; für die Sonne, die heute nur das Allgemein-Menschliche impulsiert, werden wir erst in viel späteren Zeiten reif werden, wenn noch viel Entwickelung vor sich gegangen ist. Die Sonne kann heute nur an unser Äußeres heran. An unsere Individualität, an unser Inneres wird sie erst in künftigen Zeiten heran können. Wenn die Erde nicht mehr als Erde vorhanden sein wird, wenn sie in eine ganz andere Metamorphose übergegangen sein wird, da werden wir erst für das Sonnendasein reif sein. Der Mensch ist so stolz auf seinen Verstand; aber der Verstand, wie er gerade in der gegenwärtigen Menschheit ist, ist so ein richtiges Erdenprodukt, denn er ist eigentlich an das Gehirn gebunden, und das Gehirn ist dasjenige, was am meisten physisch wird im Menschen, wenn man es auch sonst nicht glaubt.

Die Sonne reißt uns aus diesem Gebundensein an das Irdische eigentlich fortwährend heraus, denn die Sonne wirkt eigentlich nicht auf unser Gehirn. Wir würden viel gescheitere Gedanken ausgehen lassen aus unserem Gehirn, wenn die Sonne auf unser Gehirn wirken würde. Die Sonne wirkt eigentlich auf unser Herz, wenn wir das Physische betrachten. Und dasjenige, was vom Herzen ausstrahlt, meine lieben Freunde, das ist Sonnenwirkung. Durch das Gehirn sind die Menschen eigentlich egoistisch; durch das Herz werden sie egoismusfrei, werden sie erhoben zum Allgemein-Menschlichen. So daß wir eigentlich durch die Sonne mehr sind, als wir durch uns im heutigen Erdendasein sein können. Nur möchte ich sagen: Der Christus gibt uns wiederum, wenn wir wirklich zu ihm den Zugang finden, weil er ein Sonnenwesen ist, mehr, als wir heute als Menschen sein können.

Die Sonne steht uns eben wirklich eigentlich am Himmel wie ein Zukunftswesen, während uns der Mond wie ein Vergangenheitswesen am Himmel steht. Es ist das andere Tor, das in die geistige Welt, es ist das Tor in die Zukunft hinein. Denn ebenso, wie wir gewissermaßen hereingeschoben werden ins irdische Dasein durch die Mondenwesen und Mondenkräfte, so werden wir im Tod wiederum herausgeschoben durch die Sonnenkräfte. Die Sonnenkräfte hängen mit demjenigen in uns zusammen, was wir noch nicht bewältigen, was uns sozusagen die Götter gegeben haben, damit wir nicht im Erdenleben verkümmern, sondern über uns hinausreichen. Und so sind wirklich Mond und Sonne die beiden Tore aus dem Weltenall heraus ins irdische und aus diesem ins geistige Leben hinein. Der Mond ist bewohnt von Wesenheiten, mit denen wir einmal verbunden waren in der Art, wie ich es gekennzeichnet habe. Die Sonne ist bewohnt von Wesenheiten, mit denen wir – mit Ausnahme des Christus – erst in der Zukunft unseres kosmischen Daseins verbunden sein werden. Der Christus wird uns führen zu seinen ehemaligen Genossen in der Sonne. Aber das ist durchaus für den Menschen die Zukunftswelt.

Und auch das, was da von der Sonne als Zukunftswelt wirkt aus dem Geistigen herein, ist ebenso wirksam auf unseren physischen Leib und auf unseren Ätherleib, wie das, was vom Monde aus wirkt aus dem Geistigen herein. Betrachten wir zum Beispiel unser Temperament. Da sind schon Kräfte in unserem Temperament, die durchaus in den physischen Leib, namentlich aber in den Ätherleib hineinspielen: Das regelt in uns das Zusammenwirken von Sonne und Mond. Derjenige, der einen starken melancholischen Einschlag hat in seinem Temperament, der ist stark beeinflußt vom Mondenhaften. Wer einen starken sanguinischen Zug in seinem Temperament hat, der ist stark beeinflußt vom Sonnenhaften. Derjenige, in dem sich Sonnen- und Mondenhaftes ausgleichen, neutralisieren, der wird dann ein Phlegmatiker. Da, wo das Physische in uns hereinspielt und seelisch zum Vorschein kommt wie in dem Temperament, da spielt im ganzen Wesen, das wir als Mensch in uns tragen, das Sonnen- und Mondenhafte herein. Aber es erblickt dieses Sonnen- und Mondenhafte der Mensch zunächst nur da, wo es in seiner äußeren physischen Erscheinungsform ihm entgegentritt, wo sozusagen sich ihm der Mond ankündigt durch die äußere Scheibe, die sich ihm zeigt, ebenso die Sonne. Doch sind ja Wirkungen da, die weit über dieses Physische hinausgehen; wir müssen durchaus von einem Geistigen des Mondes und der Sonne sprechen. Und das können wir ja wirklich leicht einsehen.

Sie brauchen zunächst nur, um sich das zu verdeutlichen, einen menschlichen Körper anzusehen. Dieser menschliche Körper hat heute nicht mehr dieselben Substanzen in sich, die er vor etwa zehn Jahren gehabt hat. Sie stoßen fortwährend die äußeren physischen Substanzen ab, ersetzen sie durch neue. Was bleibt, ist die geistige Form, die Gestalt des Menschen: das sind die inneren Kräfte. Wenn Sie vor zehn Jahren hier gesessen haben – das Fleisch und Blut, das Sie dazumal in sich gehabt haben als materielle Substanz, das bringen Sie heute nicht wieder auf denselben Sessel: das Physische ist in einer fortwährenden Strömung von innen nach außen, es stößt sich fortwährend ab. Das bedenkt man nicht immer, doch weiß man es wenigstens heute in bezug auf die Erde. Aber daß dies auch im Weltall der Fall ist, das weiß man nicht einmal, denn die Menschen denken: Derselbe Mond, der heute herunterscheint, das war auch der Mond, der auf den alten Cäsar oder Alcibiades oder auf Buddha gestrahlt hat. Geistig ja, aber der physischen Materie nach nicht! Und in bezug auf die Sonne, da rechnen die Physiker, die Astrophysiker aus, wann sie im Weltenraum zerstäubt sein wird. Daß sie zerstäubt, das wissen sie allenfalls, aber sie rechnen da nach Millionen von Jahren. Dasselbe käme nämlich heraus, wenn man eine solche Rechnung in bezug auf den Menschen anstellen würde. Diese Rechnungen sind todsicher richtig, es ist gar nichts einzuwenden – aber nur sind sie nicht wahr. Sie sind ganz richtig, aber sie sind wie folgt: Wenn Sie heute ein menschliches Herz prüfen, nach fünf Tagen wieder, nach weiteren fünf Tagen wieder, dann können Sie an den kleinen Veränderungen ausrechnen, wie dieses Herz vor dreihundert Jahren gestaltet war, und wie es gestaltet sein wird nach dreihundert Jahren. Sie kriegen schon etwas heraus, wenn Sie solche Rechnungen anstellen: nur war es just vor dreihundert Jahren nicht da und wird in dreihundert Jahren wieder nicht da sein. So kann man heute auch mit der geologischen Wissenschaft ausrechnen, wie die Erde ausgesehen hat vor zwanzig Millionen Jahren. So rechnen die Leute aus, wie sie ausgesehen hat, so rechnen sie heute auch aus, wie sie aussehen wird nach zwanzig Millionen Jahren. Die Rechnung ist ganz richtig; die Erde hat so ausgesehen nach einer ganz richtigen Rechnung, wie man es ausrechnet, wird auch so aussehen nach zwanzig Millionen Jahren. Aber dagewesen ist sie noch nicht vor zwanzig Millionen Jahren, und da sein wird sie wieder nicht nach zwanzig Millionen Jahren! Die Rechnungen sind todsicher richtig, nur wahr sind sie nicht! Ja, nicht einmal für die engsten Zeiträume ist das im Weltenraum draußen anders als beim Menschen. Wenn auch die mineralischen Substanzen wesentlich länger dauern als die Gestaltungen der Substanzen in lebendigen Leibern, so ist doch auch für die Mineralsubstanzen das rein Physische, substantiell Physische, ein Vorübergehendes. Und der Mond, der heute am Himmel steht, ist in seiner physischen Zusammensetzung nicht mehr derselbe, der er war, als er auf Cäsar heruntergeschienen hat oder auf Alcibiades oder auf den Kaiser Augustus; denn der Mond hat seine Materie ebenso ausgetauscht, wie ein physischer Menschenleib seine Materie austauscht. Dasjenige, was da draußen bleibt, ist eben auch durchaus das Geistige, wie beim Menschen das, was von der Geburt bis zum Tode bleibt, das Geistige ist, nicht die physische Materie.

So daß man eigentlich die Welt erst richtig anschaut, wenn man sie so anschaut, daß man für den Menschen sagt: Was da bleibt zwischen Geburt und Tod, das ist seine Seele. Was da draußen an den Weltenkörpern bleibt, das sind die Wesenheiten; dort ist es eine Vielheit. Beim Menschen ist es eine Einheit, eine Seele; da draußen eine Vielheit. Und wenn wir sprechen von Mond und Sonne, so sollten wir eigentlich uns bewußt sein, daß wenn wir von der Wahrheit sprechen wollen, wir von dem sprechen müssen, was als Wesenheiten des Mondes und als Wesenheiten der Sonne existiert: als Wesenheiten des Mondes solche, die mit unserer Vergangenheit verknüpft sind; als Wesenheiten der Sonne solche, die mit unserer Zukunft verknüpft sein werden. Aber herein wirken sie in unser gegenwärtiges Dasein.

Und dasjenige, was sie am Menschen unmittelbar bewirken, das ist das, was wir sein Karma nennen: das Ganze in dem Aufbau und in der Entwickelung seines Schicksals. Indem sich Vergangenheit und Zukunft ineinanderweben, wird des Menschen Schicksal bestimmt. Und in diesem Weben des Schicksals, da wirken eben Mondenkräfte und Sonnenkräfte, Mondenwesenheiten und Sonnenwesenheiten zusammen.

Man gelangt eigentlich erst zu einer wirklichen Unterlage für eine Betrachtung des menschlichen Karma, des menschlichen Schicksals, wenn man den Menschen in dieser Weise hineinstellen kann in das Ganze des Weltenalls.

Das Vergangene können wir mit dem besten Willen niemals anders machen als es ist. Daher haben die Mondenkräfte, indem sie in unser menschliches Wesen hineinwirken und hineingreifen, etwas von unabänderlicher Notwendigkeit. Alles, was uns vom Monde herkommt, hat diesen Charakter einer unabänderlichen Notwendigkeit. Alles das, was von der Sonne herkommt, und was in die Zukunft hineinweist, hat etwas, wo unser Wille, ja wo unsere Freiheit eingreifen kann. So daß man auch sagen könnte: Wenn der Mensch nun wirklich wiederum ein Göttliches sieht im Kosmos, nicht bloß im allgemeinen schwärmerisch-schwummelig spricht über das Göttliche in der Welt, sondern wenn er wiederum in bestimmter Weise über das Göttliche sprechen wird, wie es sich offenbart in den einzelnen Gliedern des Weltenalls, in den Himmelskörpern, dann wird sich für den Menschen, ich möchte sagen, eine besondere Sprache ergeben, indem er aus dieser Herzens- und wirklichen Menschenerkenntnis hinaufschaut zu den Himmelskörpern.

Was wäre denn, wenn ein Mensch vor uns stünde mit seinen Händen, Armen, seinem Kopf, seiner Brust, seinen Beinen und Füßen und wir, etwa in bezug auf seine Finger, auf die Frage «Was ist das?» antworten würden: Das ist Menschliches! – Indem wir auf seine Füße weisen: Das ist Menschliches! – auf seine Nase: Menschliches! – Wenn wir nichts unterscheiden, sondern alles nur mit dem allgemeinen Ausdruck «Menschliches» belegen, fangen wir ja an, im Unbestimmten herumzuschwimmen. Ebenso schwimmen wir im Unbestimmten herum, wenn wir nur hinausstarren ins Weltenall, Sonne, Mond und Sterne anschauen, und nur vom Allgemein-Göttlichen sprechen. Wir müssen wiederum zu einer bestimmten Anschauung des Göttlichen kommen. Wir kommen zu einer bestimmten Anschauung des Göttlichen, wenn wir zum Beispiel den tiefen Zusammenhang des Mondes mit unserem vergangenen Dasein erkennen, ja mit dem Vergangenen der ganzen Erde. Da können wir dann zum Monde hinaufblicken und können sagen: Du Weltensohn der Notwendigkeit, ich fühle – indem ich alles dasjenige, worüber ich keinen Willen habe, in mir selber anschaue –, ich fühle mich dir, göttlicher Weltensohn, innig verbunden. Da wird unsere Erkenntnis des Mondes Gefühl. Denn alles das, was uns aus der inneren Notwendigkeit heraus empfindbar wird, wird uns mondenverwandt.

Und wenn wir in derselben Weise recht das Sonnensein erfühlen, nicht bloß errechnen, nicht bloß durch Instrumente anschauen, so fühlen wir es verwandt mit alldem, was in uns als Freiheit lebt, als das, was durch uns selber für die Zukunft geschehen kann. Und wie uns jeder neue Morgen mit seinem Sonnendasein aufruft dazu, als Mensch zu wirken, empfängt uns die Nacht mit unseren Träumen, die uns zeigen, was wir waren, was in uns lebt und webt, was als Vergangenheit mit uns verknüpft ist. Die vom Monde beherrschte Nacht zeigt uns unsere Vergangenheit; jedes neue Morgendasein mit seinen Sonnenstrahlen weist uns hin auf das, was aus unserer Freiheit kommen kann. – So hängt in unserem gesamten Weltendasein unser Menschliches mit dem Sonnendasein zusammen, und wir können, die Sonne ansprechend, so fühlen: O du Weltensohn der Freiheit, dich fühle ich verwandt mit allem in mir, was meinem eigenen Wesen die Freiheit und die Entschlußfähigkeit für die Zukunft gibt!

Mit solchen Empfindungen würden wir wieder anknüpfen an instinktive Weisheiten der Urmenschheit. Denn, was aus uralten Zivilisationen in wunderbarer Weise dichterisch strahlt, man versteht es nur dann, wenn man so etwas auch heute noch in sich fühlt, wie das Aufblicken zum Monde als zu der Notwendigkeit der Vergangenheit, das Aufblicken zur Sonne als zur Freiheit der Zukunft. Und so wirken in unserem Schicksal in seinem Weben, Notwendigkeit und Freiheit ineinander. Sprechen wir irdisch-menschlich, so sprechen wir von Notwendigkeit und Freiheit. Sprechen wir himmlisch-kosmisch, so sprechen wir von Monden- und Sonnendasein.

Und nun suchen wir das Mondenhafte und das Sonnenhafte in dem Weben unseres Schicksals einmal auf. Wir begegnen im Leben einem Menschen. Wir geben uns gewöhnlich damit zufrieden, daß wir diesem Menschen begegnen, denn wir beobachten ja nicht viel vom Leben, sondern nehmen das Leben zum großen Teil gedankenlos hin. Wenn man aber einen tieferen Blick in das einzelne Menschenleben wirft, dann erkundet man, daß wenn zwei Menschen sich im Leben treffen, ihre Wege wirklich in einer merkwürdigen Weise gelenkt worden sind. Zwei Menschen, die sich, sagen wir, der eine im fünfundzwanzigsten, der andere im zwanzigsten Jahre, treffen, sie können zurückblicken auf das, was sie bisher erlebt haben, und es wird ihnen wirklich sehr deutlich werden, wie bei dem Zwanzigjährigen, aus einer ganz anderen Weltenecke alle einzelnen Tatsachen seines Lebens ihn so hineingedrängt haben, daß er gerade dort zusammengetroffen ist mit dem anderen Menschen, der ebenso seine fünfundzwanzig Jahre überblicken kann, der wiederum aus einer ganz anderen Ecke kommt und mit ihm zusammentrifft. Und was hängt nicht alles in der Bildung unseres Schicksals davon ab, daß Menschen, die in zwei verschiedenen Weltenecken ihren Ausgangspunkt nehmen, dann zusammentreffen wie hergeleitet mit einer wirklich ehernen Notwendigkeit, die überall hinzielt nach diesem Punkte, in dem sie sich treffen. Man faßt ja gar nicht in das Seelenauge das Wunderbare, das sich in solchen Betrachtungen enthüllen kann! Das menschliche Leben wird arm, wenn man es nicht so betrachtet, und es wird unendlich reich, wenn man es so betrachtet. Man muß dann schon darauf aufmerksam werden, wie man gegenüber einem Menschen, dem man scheinbar ganz zufällig begegnet, sich sagen muß, wenn man auf die ganze Art, wie man sich dann zu ihm verhält, hinsieht: Man hat ihn gesucht, gesucht seit man in diesem irdischen Dasein herinnen ist; man könnte auch schon sagen: vorher, aber darauf will ich jetzt nicht eingehen. Man braucht ja nur zu erwägen, wie man nicht auf diesen Menschen aufgestoßen wäre, wenn man da oder dort in seinem vergangenen Erdenleben nur ein wenig einen anderen Schritt nach links oder rechts gemacht hätte und nicht dahin gegangen wäre, wo man gegangen ist. Wie gesagt, diese Betrachtungen werden nicht angestellt; aber es ist ja ein unendlicher Hochmut des Menschen, wenn er glaubt, daß dasjenige, worüber er nicht Beobachtungen anstellt, auch nicht vorhanden sei. Es ist eben da! Fängt man an mit der Beobachtung, so enthüllt es sich schon. Und es ist nun ein sehr bedeutsamer Unterschied zu bemerken zwischen alledem, was da vorgegangen ist, ehe sich zwei Menschen treffen, und von dem Momente an, wo sie sich treffen. Denn ehe sie sich getroffen haben, ehe sie sich gefunden haben im Erdenleben, haben sie aufeinander gewirkt, aber ohne daß sie etwas gewußt haben voneinander. Nunmehr, nachdem sie sich getroffen haben, wirken sie aufeinander, indem sie wissen voneinander. Aber hier beginnt nun wiederum etwas außerordentlich Bedeutsames.

Wir treffen ja natürlich auch sehr viele Menschen im Leben, auf die wir sozusagen nicht zugegangen sind. Ich will nicht sagen, daß wir sehr viele Menschen im Leben treffen, bei denen wir uns sagen, es wäre gescheiter, wenn wir sie nicht getroffen hätten; das will ich nicht sagen. Aber wir treffen eben sehr viele Menschen, bei denen wir dies, was ich eben jetzt auseinandergesetzt habe, daß wir unbedingt auf sie zugegangen sind, nicht als eine Betrachtung anstellen können.

Sieht man das Ganze, was ich jetzt gesagt habe, im Lichte der Geisteswissenschaft, dann zeigt sich, daß all das, was sich zwischen zwei Menschen abspielt, ehe sie sich im Erdenleben kennenlernen, vom Mondenhaften bestimmt ist, daß alles, was sich zwischen ihnen abspielt, nachdem sie sich kennengelernt haben, vom Sonnenhaften bestimmt ist. Daher kann das, was sich abspielt zwischen zwei Menschen, bevor sie sich kennenlernen, nur im Lichte der ehernen Notwendigkeit gesehen werden; dasjenige, was sich abspielt, nachdem sie sich kennenlernen, im Lichte der Freiheit, im Lichte des gegenseitigen freien Verhaltens. Es ist tatsächlich so, daß, wenn wir einen Menschen kennenlernen, unsere Seele im Unterbewußtsein sich umschaut nach hinten und nach vorne: Nach hinten nach dem geistigen Monde, nach vorn nach der geistigen Sonne. Und damit hängt es zusammen, wie unser Karma, unser Schicksal eigentlich gewoben wird.

Heute haben noch die wenigsten Menschen Empfindungsfähigkeiten für solche Dinge. Aber gerade deshalb gärt in unserem Zeitalter so viel, weil die Empfindungsfähigkeiten anfangen, für solche Dinge sich zu entwickeln. Sie sind schon in zahlreichen Menschen vorhanden, nur wissen es diese Menschen nicht. Sie schreiben das allerlei anderen Dingen zu. In Wirklichkeit wollen diese Empfindungsfähigkeiten heraus bei den Menschen, wollen so heraus, daß die Menschen beobachten, wenn sie einander kennenlernen, wieviel sie der ehernen Notwendigkeit, dem Mondenhaften verdanken, wieviel ihnen obliegen wird im Lichte der hellen Sonne, im Lichte der Freiheit. Das Schicksal so zu empfinden, das ist selbst ein Weltenschicksal der Menschheit von der Gegenwart in die Zukunft hinein! Denn wenn man einen Menschen in der Welt trifft, dann kann man genau unterscheiden zwischen zwei Arten des Verhaltens zu ihm. Den einen Menschen beurteilt man so, daß alles, was in der Beziehung zu ihm auftritt in uns, vom Willen ausgeht; den anderen Menschen beurteilt man so, daß alles, was in der Beurteilung von uns ausgeht, mehr oder weniger vom Verstande oder vom ästhetischen Sinn ausgeht.

Bedenken Sie nur einmal, wie fein verschieden die Menschen in ihrer Menschenerkenntnis nach diesen Dingen sind, schon in der Jugend, schon im Kindesalter: Den einen Menschen lieben wir vielleicht, oder wir hassen ihn auch. Wenn es nicht bis zu der Stärke kommt, dann haben wir Sympathie oder Antipathie für ihn; aber es geht nicht tief, wir gehen an ihm vorüber und lassen ihn an uns vorübergehen.

Es wird ja nicht zu leugnen sein, daß, sagen wir, die meisten unserer in der Schule uns gegenübertretenden Lehrer so von uns aufgefaßt werden: Wir gehen an ihnen vorüber, sie gehen an uns vorüber. Es gehört eben zum Glück eines Menschen, wenn er einmal ein anderes erfährt.

Aber es gibt ein anderes Verhältnis, schon in der Kindheit. Das ist das, wo es uns innerlich ergreift, wo wir sagen: Der Mensch tut etwas, das müssen wir auch tun! – Da beurteilen wir gar nicht den Menschen so, daß wir ihn nur vorübergehen lassen können. Da kommt das von selbst durch die Beziehung von ihm zu uns, daß wir uns ihn als Helden wählen, dem wir die Wege zum Olymp hinauf uns nacharbeiten. Kurz, es gibt Menschen, die wirken bloß auf den Verstand, auf die Verstandessympathie und -antipathie, höchstens noch auf die ästhetische

Sympathie und Antipathie; andere Menschen wirken auf unseren Willen.

Oder wenn wir mehr die andere Seite des Lebens betrachten: Wissen Sie es denn nicht alle, meine lieben Freunde, daß uns Menschen im Leben begegnen, uns unter Umständen durch die äußeren Verhältnisse sogar recht nahekommen können, aber es ist uns unmöglich, von ihnen zu träumen? Wir träumen nicht von ihnen! Und andere begegnen uns ein einziges Mal: Wir kommen nicht wieder los von ihnen, wir träumen ewig von ihnen. Und wenn es uns dann in diesem Erdenleben nicht gegönnt ist, mit ihnen in innigere Beziehung zu kommen, so müssen wir uns halt das für andere Erdenleben aufsparen. Aber es geht uns jene Beziehung zum Menschen wirklich tiefer, wenn wir, kaum daß wir ihn kennengelernt haben, sogleich von ihm träumen, als wenn wir einen Menschen kennenlernen, von dem wir überhaupt nicht träumen können.

Dann gibt es auch ein Wachträumen. Dieses Wachträumen spielt sich allerdings für die meisten Menschen heute noch in einer ziemlichen Unbestimmtheit ab. Aber Sie wissen ja: Es gibt auch initiierte Menschen, die erleben das Leben doch anders noch! Treffen diese einen Menschen, der auf ihren Willen wirkt, so wirkt er auch auf die innere Sprache. Der spricht nicht nur, wenn er einem gegenübersteht, sondern der spricht aus uns heraus. Ist man eingeweiht in die Geheimnisse des Weltendaseins, so stellt sich die Beziehung des Menschen folgenderweise als eine zweifache dar: Man begegnet Menschen, denen hört man zu. Man verläßt sie wieder: Man braucht ihnen dann nicht mehr zuzuhören, wenn man weit genug von ihnen ist. – Aber man begegnet anderen Menschen, denen hört man zu; dann kann man von ihnen weggehen und dann sprechen sie aus dem eigenen Inneren heraus: Sie sind da, sie sprechen!

Nun, für den Initiierten macht sich das so, wie ich es Ihnen eben geschildert habe, daß er tatsächlich mit der vollen Stimmfärbung die Menschen in sich trägt, die in dieser Weise auf ihn wirken. Für die anderen, nicht initiierten Menschen macht es sich mehr gefühlsmäßig, mehr empfindungsmäßig, aber es ist doch auch da, unterbewußt sehr stark da. Man kann sagen: Es trifft jemand einen Menschen, und er kommt zu anderen Menschen, die den auch kennen, und je nachdem er diese oder jene Ausdrucksweise hat, sagt er: Er ist ein Prachtskerl! – Vielleicht sagen einige andere auch: Ja, er ist ein Prachtskerl. – Das heißt: er hat ihn betrachtet und gibt ein Urteil mit dem Verstande über ihn ab.

Aber nicht so verhalten wir uns zu jedem Menschen, daß wir ihn als einen Prachtskerl oder als einen Schubjack oder dergleichen auffassen; sondern es gibt eben Menschen, die unseren Willen, der ja auch, wie ich Ihnen oftmals auseinandergesetzt habe, eine Art von Schlafdasein in uns führt beim sonstigen Wachen, direkt zur Nachfolgeschaft oder zum Widerstande unmittelbar bestimmen. Bei nicht initiierten Menschen sprechen sie nicht, aber im Willen leben sie. Was ist das eigentlich für ein Unterschied?

Nun, sehen Sie, wenn man zu Menschen kommt, an Menschen herankommt, die nicht in unserem Willen leben, bei denen wir uns nicht aufgefordert fühlen, ihnen nachzuarbeiten oder ihnen zu widerstreben im Willen, sondern die wir bloß beurteilen, so sind wir mit denen wenig karmisch verknüpft, mit denen haben wir wenig zu tun gehabt in vorigen Erdenleben. Menschen, die in unseren Willen hineingehen, so daß sie uns nachgehen, so daß sich uns ihre Gestalt gleich einprägt, daß wir sie behalten, daß wir auch wie wach noch träumen von ihnen, das sind diejenigen Menschen, mit denen wir viel in vergangenen Erdenleben zu tun gehabt haben. Das sind die Menschen, mit denen wir sozusagen kosmisch durch das Tor des Mondes verbunden sind, während wir im gegenwärtigen Leben immer für alles dasjenige, was nicht mit der Notwendigkeit des Mondendaseins in uns lebt, verbunden werden durch das Sonnendasein.

Und so wird unser Schicksal gewoben. Und so können wir sagen: Der Mensch ist ja ein polarisches Wesen. Auf der einen Seite hat er sein isoliertes Kopfdasein – das hat ja eine große Selbständigkeit. Dieses Kopfdasein hebt sich eigentlich fortwährend heraus aus dem allgemeinen Weltendasein des Menschen, schon physisch: Das Gehirn ist im Durchschnitt tausendfünfhundert Gramm schwer. Bei einem solchen Gewichte müßte es eigentlich alle Adern, die darunter sind, zerdrücken. Denken Sie sich, tausendfünfhundert Gramm Gewicht auf den feinen Adern! Aber das tut es nicht. Warum denn nicht? Nun ja, weil es im

Gehirnwasser eingebettet ist. Und wenn Sie Physik gelernt haben, wissen Sie, daß ein jeder Körper im Wasser so viel von seinem Gewicht verliert, als das Gewicht des verdrängten Wassers beträgt – das sogenannte Archimedische Prinzip. Real zwanzig Gramm etwa – das andere ist nicht da, weil das Gehirn im Gehirnwasser schwimmt. So daß in Wahrheit unser Gehirn im menschlichen Leib nur mit zwanzig Gramm nach unten gezogen wird, gar nicht mit seinen tausendfünfhundert Gramm. Das Gehirn ist isoliert, hat sein eigenes Dasein, hat in bezug auf viele andere Dinge noch sein eigenes Dasein.

Das Gehirn ist wirklich so, daß wenn wir in der Welt herumgehen, es gleich einem Menschen ist, der in seinem Auto sitzt. Der Mensch selbst bewegt sich nicht im Auto: das Auto bewegt sich und er sitzt still. So ist es schon. Das Gehirn als Träger unseres Verstandes hat ein isoliertes Dasein. Deshalb ist der Verstand eigentlich so unabhängig von unserer Individualität. Wir haben doch nicht jeder einen eigenen Verstand. Wir würden uns sehr schlecht verständigen können, wenn wir jeder einen eigenen Verstand hätten! Wir können uns nur dadurch verständigen, daß jeder denselben Verstand hat, wenn auch im größeren oder geringeren Maße – das sind dann Gradunterschiede –, aber der Verstand hat etwas Allgemeines. Deshalb verständigen sich die Menschen durch den Verstand, der ist unabhängig von unseren Qualitäten. Und was im Menschenschicksal auftritt als unmittelbar Gegenwärtiges, also auch das Zusammentreffen zweier Menschen, das wirkt auf den Verstand und diejenigen Gefühlsimpulse, die an den Verstand sich angliedern. Da sprechen wir von dem «Prachtskerl», von dem uns nichts weiter interessiert, als daß er eben auf unseren Verstand wirkt. Alles, was nicht karmisch ist an uns, wirkt auf unseren Verstand; alles was karmisch ist an uns, was uns bindet als Menschen im Sinne dessen, was wir mit den menschlichen Individualitäten, die in den Leibern uns entgegentreten, durchgemacht haben, das wirkt durch unseren Willen, das wirkt durch die Tiefen des menschlichen Wesens, die im Willen sind. Und auch so ist es: Bevor wir einem Menschen, mit dem wir karmisch verbunden sind im Leben, nun auch von Angesicht zu Angesicht entgegentreten, wirkt der Wille. Der Wille ist ja nicht immer vom Verstand erhellt. Denken Sie nur, wieviel Dunkles im Willen wirkt! Das dunkelste ist dasjenige, was das Karma trägt, das zwei Menschen zusammenführt, so daß sie dann an der Art und Weise, wie ihr Wille erfaßt wird, merken, daß da das Karma wirkt. In dem Momente, wo sie sich von Angesicht zu Angesicht kennenlernen, beginnt der Verstand zu wirken. Und was vom Verstande dann gewoben wird, das kann ja wieder Grundlage für ein nächstes Karma sein. Aber man kann schon sagen: Im wesentlichen hat das Karma – im wesentlichen, nicht ganz –, hat das Karma sich ausgewirkt für zwei Menschen, die karmisch verbunden sind, wenn sie sich begegnet sind. Nur was sie dann noch tun als Fortsetzung des Unbewußten, das wirkt weiter im Sinne des Karma. Aber es wird dann in das Schicksal vieles, vieles hineingewoben, was eben nur auf den Verstand und seine Sympathien und Antipathien wirkt. Und da gliedert sich Vergangenheit und Zukunft, Mondendasein und Sonnendasein ineinander. Der Faden des Karmas, der in die Vergangenheit reicht, wird zusammengewoben mit dem Faden, der in die Zukunft reicht.

Wir können ganz genau hineinschauen in das Weltendasein. – Denn schauen wir hinaus, wenn wir des Morgens die Sonne aufgehen sehen, wenn wir in der Nacht den Mond betrachten, so haben wir in diesem gegenseitigen Zusammenwirken, das wir da ahnen, zunächst ein Bild dessen, wie in unserem eigenen Menschenwesen Notwendigkeit und Freiheit im Schicksale ineinander wirken. Und haben wir dann eine wirkliche Idee von diesem Zusammenwirken von Notwendigkeit und Freiheit im menschlichen Schicksal, schauen wir mit dieser Erkenntnis wiederum zurück, dann beginnen Sonne und Mond ihre eigene Geistigkeit uns zu enthüllen. Und dann reden wir nicht bloß wie der einfältige Physiker, der da sagt, wenn er den Mond anschaut: Der strahlt das Sonnenlicht zurück –, sondern dann reden wir, indem wir gewahr werden dieses Rückstrahlen des Mondenlichtes, welches dasselbe ist wie das Sonnenlicht, von dem Weben und Regen des kosmischen Schicksals.

Und dann lernen wir durch unser eigenes Menschenschicksal das kosmische Schicksal kennen! Dann verweben wir erst unser Menschendasein so recht mit dem kosmischen Dasein. Und so muß der Mensch wiederum hineinwachsen in ein Sich-im-Kosmos-Fühlen. Wie der Finger des Menschen das, was er ist, nur so lange ist, als er am menschlichen Leibe ist – schneidet man ihn ab, ist er kein Finger mehr, er hat ein Fingersein nur, so lange er am menschlichen Leib ist –, ebenso hat der Mensch ein Sein nur, indem er ein Stück des Kosmos ist. Nur ist der Mensch hochmütig, und der Finger würde wahrscheinlich bescheidener sein, wenn er in derselben Weise Bewußtsein hätte wie der Mensch. Aber er würde vielleicht auch nicht mehr bescheiden sein, wenn er sich immer losreißen könnte und am Menschen herumspazieren könnte – nur müßte er auch in der Sphäre des Menschen bleiben, um ein Finger zu bleiben! Und es muß der Mensch, so wie er einmal ein Erdenmensch ist, in der Sphäre der Erde bleiben, um Mensch zu sein. – Er ist etwas ganz anderes, er ist in seinem ewigen Wesen, wenn er außerhalb der Erdensphäre ist im vorirdischen Dasein, im nachirdischen Dasein. Aber auch diese lernen wir nur kennen, wenn wir uns als Glied des Weltenalls kennenlernen. Das können wir nicht, indem wir einfach phantasieren von unserem Zusammenhang mit dem Weltenall; sondern das können wir nur dann, wenn wir in einer solchen Weise, wie es heute wieder geschehen ist, uns allmählich ganz einfühlen lernen in die einzelnen konkreten Gestaltungen des Weltenalls. Dann fühlen wir aber, wie unser Schicksal wirklich ein Abbild der Sternenwelt ist, des Sonnen- und Mondenhaften. Dann lernen wir hinausschauen in das Weltenall und lernen unser Menschenleben abzulesen von dem Leben des großen Weltenalls. Und wiederum lernen wir hineinschauen in unsere eigene Seele und lernen die Welt verstehen aus unserer eigenen Seele. Denn niemand versteht den Mond, der nicht die Notwendigkeit im menschlichen Schicksal versteht; niemand versteht die Sonne, der nicht die Freiheit im menschlichen Wesen versteht. So hängen die Dinge zusammen von Notwendigkeit und Freiheit.

Daß dieses, was in solcher Weise als eine wirklich esoterische Anschauung in unsere Herzen, in unsere Gemüter einziehen kann, in der Zukunft noch in wirksamerer Weise leben könne in der Welt, dazu haben wir mit der Weihnachtstagung am Goetheanum die Impulse zu geben versucht. Und ich hoffe, daß, was auf dieser Weihnachtstagung sich abgespielt hat, immer mehr und mehr ins Bewußtsein unserer Freunde, unserer lieben Mitglieder einziehen wird. Und ich möchte nach dieser Richtung besonders darauf aufmerksam machen, daß ja jetzt zu Händen eines jeden Mitgliedes jenes Nachrichtenblatt kommen kann, das den Titel trägt «Was in der Anthroposophischen Gesellschaft vorgeht» und das seit unserer Weihnachtstagung jede Woche erscheint. Durch dieses Nachrichtenblatt und durch vieles andere, was sich in der Anthroposophischen Gesellschaft entwickelt, soll nun in der Zukunft wirklich diese Anthroposophische Gesellschaft jenes lebendigen Lebens teilhaftig sein, das aus der Anthroposophie kommen kann. Die Isoliertheit unserer Zweige soll etwas aufhören. Dadurch wird die Anthroposophische Gesellschaft erst ein Ganzes, daß derjenige, der in einem Anthroposophischen Zweige in Neuseeland ist, weiß, was in einem Anthroposophischen Zweige in Bern oder in Wien vorgeht; derjenige, der in einem Anthroposophischen Zweige in Bern ist, weiß, was in Neuseeland oder in New York oder in Wien vorgeht. Dafür wird eine Möglichkeit da sein. Und unter den vielen Dingen, die wir schaffen, oder wenigstens unter den mannigfaltigen Dingen, die wir schaffen wollen im Anschluß an diese Weihnachtstagung, wird eben dieses sein, daß in diesem Nachrichtenblatt tatsächlich ein Vermittlerorgan da sein wird für alles, was in der Welt anthroposophisch vorgeht. Es wird nur nötig sein, ein wenig Einsicht zu nehmen von diesem Nachrichtenblatt, dann wird man ja auch wissen, was man nun wiederum zum Gedeihen dieses Nachrichtenblattes tun soll.

Während ich hier spreche, wird eben drüben in Dornach die dritte Nummer dieses Nachrichtenblattes ausgegeben, in dem ich ausgeführt habe, wie jedes einzelne Mitglied wirken kann dazu, daß dieses Nachrichtenblatt wirklich in entsprechender Weise ein Spiegelbild des anthroposophischen Schaffens in der anthroposophischen Bewegung ist. Nur weil ich glaube, daß das Leben in der Anthroposophischen Gesellschaft reger werden muß, als es gewesen ist, nur weil ich glaube, daß dazu notwendig ist, daß wirklich mehr Anthroposophie in der Anthroposophischen Gesellschaft gepflegt wird, als es bisher geschehen ist – ich meine nicht mehr an Stoff, sondern mehr an Intensität und an Enthusiasmus und Liebe –, deshalb habe ich mich entschlossen, während ich nach den sonstigen Usancen in der Welt reichlich ein Recht dazu hätte, mich pensionieren zu lassen – es ist ja so das Lebensalter, in dem man das tut –, nur weil ich das meine, habe ich mich dazu entschlossen, wieder anzufangen. Nachdem ich ja schon 1912 die persönliche Leitung der Anthroposophischen Gesellschaft abgegeben hatte, habe ich mich entschlossen, wieder anzufangen und mir einzubilden, ich wäre wieder jung und könnte eben durchaus wirken. Und ich möchte, daß auch wirklich in diesem Sinne, meine lieben Freunde, verstanden wird, daß ein gewisses regeres Interesse kommen möchte für ein regeres Leben in der Anthroposophischen Gesellschaft. Das ist dasjenige, wovon ich möchte – Sie können es ja im «Goetheanum» und Nachrichtenblatt lesen, diejenigen, die nicht in Dornach waren –, daß aus dem, was in der Weihnachtstagung geschehen ist, als geistiges Wort wirklich zu jedem einzelnen Mitgliede etwas dringen möge. Und dadurch wird das erreicht werden, daß wieder wirkliches esoterisches Leben einzieht. Denn dazu ist die Hochschule für Geisteswissenschaft zu Weihnachten gegründet worden: daß wiederum esoterisches Leben einziehen möge in unsere Anthroposophische Gesellschaft. Das wird kommen können.

Ich wollte die Worte, die ich heute zu Ihnen gesprochen habe, meine lieben Freunde, eben so gesprochen haben, daß sie zu gleicher Zeit ausdrücken sollen: Es möge wiederum solches esoterisches Leben unter uns einziehen, in der Weise, wie es zu Ihnen immer mehr und mehr wird gesagt werden, und wie es dann wird verwirklicht werden können durch dasjenige, was in der Zukunft von Dornach als dem Orte der allgemeinen, zu Weihnachten gegründeten Gesellschaft ausgehen kann. Möge die liebe Mitgliedschaft dieses Berner Zweiges recht viel beitragen können zu dem, was wir gern von Dornach aus für die anthroposophische Bewegung leisten möchten nach den Kräften, die wir eben haben.

ZWEITER VORTRAG

Bern, 16. April 1924

Es ist schon einmal hier in den Kreisen unserer Berner anthroposophischen Freunde ausgesprochen worden, wie die Weihnachtstagung am Goetheanum dazu bestimmt war, einen neuen Zug in die anthroposophische Bewegung hineinzubringen. Es kann das Bewußtsein von diesem neuen Zug nicht oft genug eingeschärft werden. Denn es handelt sich ja darum, daß vor dieser Weihnachtstagung – wenigstens in der Praxis, wenn vielleicht auch nicht überall – die Auffassung so war, daß die Anthroposophische Gesellschaft eine Art Verwaltungsgesellschaft für das darstellte, was Anthroposophie als Inhalt und als Lebensimpuls hat. Das hat sich ja im wesentlichen so herausgestellt, seit die Anthroposophische Gesellschaft sich aus der Theosophischen Gesellschaft heraus verselbständigt hat.

Und die Entwickelung dieser Anthroposophischen Gesellschaft ist ja nicht so gegangen, wie sie gerade hätte gehen können unter der Voraussetzung, daß ich selbst nicht irgendeine Vorstandsstelle oder dergleichen inne hatte, sondern gewissermaßen in einer völlig freien Position innerhalb der Gesellschaft stand. Dennoch hat man eigentlich wenig Notiz genommen von alldem, was unter dieser Voraussetzung sich hätte entwickeln können. Und so ist es denn gekommen, daß etwa vom Jahre 1919 ab – nachdem ja während der Kriegsjahre die Führung der Anthroposophischen Gesellschaft schwierig war – allerlei Bestrebungen innerhalb der Anthroposophischen Gesellschaft aufgetreten sind, Bestrebungen, hervorgegangen aus den und jenen Ambitionen innerhalb des Mitgliederkreises, welche im Grunde der eigentlichen anthroposophischen Sache gegenüber abträglich gewirkt haben, abträglich in dem Sinne, daß dadurch gerade, ich möchte sagen, die Feindseligkeit der Außenwelt in besonderem Maße hervorgetreten ist. Es ist ja ganz naturgemäß, meine lieben Freunde, daß, wenn solche Bestrebungen innerhalb einer Gesellschaft auftreten, die auf einem okkulten Boden steht, man zuletzt – aus der Esoterik heraus – diese Dinge entstehen lassen muß. Denn denken Sie sich, wenn all dasjenige, was da sich bilden wollte, von Anfang an von mir verwehrt worden wäre, so würden heute die meisten der Beteiligten sagen: Ja, wenn das oder jenes nur geschehen wäre, würde es zu etwas Günstigem geführt haben! – Nun kann man schon sagen: die Stellung der anthroposophischen Bewegung wurde in der Welt dadurch immer schwieriger und schwieriger.

Einzelheiten will ich nicht erwähnen, sondern auf das Positive mehr hinarbeiten; will nur sagen, daß eben notwendig geworden ist, all dem Negativen, das in der Gesellschaft nach und nach aufgetreten ist, das Positive gegenüberzusetzen. Eine solche positive Gründung – ich mußte das oftmals vor der Weihnachtstagung am Goetheanum erwähnen – wie die anthroposophische Bewegung, die eigentlich eine geistige Strömung ist, geleitet von geistigen Mächten und geistigen Kräften aus der übersinnlichen Welt, die ihre Erscheinung nur haben hier in der physischen Welt, durfte nicht zusammengeworfen werden mit der Anthroposophischen Gesellschaft, die eben eine Verwaltungsgesellschaft ist – so weit sie das vermag – zur Pflege des anthroposophischen Impulses.

Nun, seit der Weihnachtstagung am Goetheanum ist das durchaus anders geworden. Und nur unter dem Gesichtspunkte des Anderswerdens hatte es einen Sinn, daß ich selber – mit einem Vorstande zusammen, mit dem als einem einheitlichen Organismus ganz intensiv für die anthroposophische Bewegung gearbeitet werden kann und muß – den Vorsitz übernahm. Diese Voraussetzung ist diejenige, daß nunmehr die anthroposophische Bewegung eins werde mit der Anthroposophischen Gesellschaft. Was also nicht wahr war vor der Weihnachtstagung, ist gründlich verändert seit der Weihnachtstagung. Es muß nunmehr zusammenfallen die Anthroposophische Gesellschaft mit der anthroposophischen Bewegung, wie sie sich in der Welt darstellt. Dadurch aber ist notwendig geworden, daß der esoterische Impuls, welcher durch die anthroposophische Bewegung fließt, auch wirklich in der ganzen Verfassung der Anthroposophischen Gesellschaft zum Vorschein kommt. Daher muß seit dieser Weihnachtstagung in Dornach unbedingt anerkannt werden, daß die Einsetzung des Dornacher Vorstandes selber ein Esoterisches ist, daß es sich darum handelt, daß wahre esoterische Strömung durch die Gesellschaft geht und daß die Einsetzung des Vorstandes als esoterische Tat anzusehen ist. Unter dieser Voraussetzung ist der Vorstand gebildet worden.

Ferner muß festgehalten werden, daß nunmehr die Anthroposophische Gesellschaft nicht bloß als Verwaltungsgesellschaft für die Anthroposophie da sein kann, sondern daß nunmehr Anthroposophie selber getan werden muß in alldem, was in der Anthroposophischen Gesellschaft geschieht. Das Tun selber muß anthroposophisch sein. Das ist dasjenige, was, wie es scheint, recht schwer sich in das Bewußtsein einlebt. Aber es müßte sich nach und nach diese gründliche Umwandlung in das Bewußtsein unserer lieben Freunde einleben.

Und zunächst ist ja versucht worden, in dem dem «Goetheanum» beigegebenen Mitteilungsblatt, das in die Gesellschaft hineinzubringen, was dieser Gesellschaft eine einheitliche Substanz geben kann, was sozusagen einen einheitlichen Gedankenzug bringen kann, der dem Strömen des Geistigen durch die Bewegung dienen kann; was einen einheitlichen Gedankenzug möglich macht, insbesondere durch die wöchentliche Formulierung von Leitsätzen, die sozusagen der Grundkeim sein sollen für das, was in den einzelnen Zweigen geschieht. Es ist ja merkwürdig, wie verkannt noch wird, was mit der anthroposophischen Bewegung da ist.

Ich bekam vor einiger Zeit einen Brief von einem jüngeren Mitglied der Anthroposophischen Gesellschaft. Dieser Brief verbreitete sich über die Eingliederung – für hier, für die Schweiz, hat das keine Bedeutung, aber ich erwähne es als Beispiel –, über die Eingliederung der Gemeinschaft für christliche Erneuerung in die Anthroposophische Gesellschaft. Ich habe nun in einem gewissen Zeitpunkt vom Goetheanum in Dornach aus betont, wie diese Gemeinschaft für christliche Erneuerung aufzufassen ist im Verhältnis zur Anthroposophischen Gesellschaft. Ich habe dazumal betont, daß ich nicht aus der Anthroposophischen Gesellschaft heraus irgendwie als Begründer der Christengemeinschaft aufgefaßt werden kann, sondern daß diese Christengemeinschaft neben der Anthroposophischen Gesellschaft durch mich – ich brauchte dazumal den Ausdruck «als Privatmann» – gebildet worden ist. An diesen Ausdruck «Privatmann» knüpft nun dieser Brief an, nachdem gesagt wird, daß eine religiöse Erneuerung nicht durch einen Menschen geschehen könne, sondern einzig und allein dadurch, daß ein geistiger Impuls aus den oberen Sphären in die Erdenimpulse wieder einfließt: Nur von göttlich-geistigen Mächten selber kann eine religiöse Erneuerung erhofft werden. Das ist ganz richtig. Aber eines wird dabei vielleicht vergessen – und notwendig ist, daß dieses eine vollständig begriffen werde in der Anthroposophischen Gesellschaft. Was begriffen werden muß, ist dieses: daß die anthroposophische Bewegung als solche – und in ihr liegen auch die Quellen für die christliche Erneuerungsbewegung – ja nicht einem bloß menschlichen Impulse ihren Ursprung verdankt, sondern daß sie eben gerade dasjenige ist, was unter dem Einflusse und aus dem Impuls von geistig-göttlichen Mächten heraus in die Welt gesetzt ist. Wenn man in der Anthroposophie selber ein geistig Eingesetztes sieht, das esoterisch durch die Zivilisation fließt, dann nur wird man auch, wenn aus den Quellen der Anthroposophie etwas anderes entsteht, die richtige Ansicht haben können, und ein solcher Einwand wie der in dem Brief kann sich nicht ergeben. Das Bewußtsein muß da sein, daß fernerhin vom Goetheanum aus die Anthroposophische Gesellschaft esoterisch geleitet wird.

Damit steht in Verbindung, daß ein völlig neuer Zug durch alles dasjenige geht, was nunmehr als anthroposophische Bewegung aufgefaßt wird. Deshalb ist es, daß Sie auch bemerken werden, meine lieben Freunde, wie anders seit jener Zeit gesprochen werden kann, als das vorher der Fall war. Es kommt in der Zukunft auf gar nichts weiteres an, als daß bei allen Maßnahmen der anthroposophischen Bewegung, die identisch ist mit der Anthroposophischen Gesellschaft, künftighin eben die Verantwortlichkeit vorliegt gegenüber den geistigen Mächten selber. Aber das muß richtig verstanden werden. Und so muß namentlich aufgefaßt werden, daß schon die Überschrift «Allgemeine Anthroposophische Gesellschaft» nicht gebraucht werden darf für irgendeine Veranstaltung, ohne daß man sich mit dem Dornacher Vorstand erst verständigt; daß nicht irgend etwas, was von Dornach inauguriert wird, irgend weiterverwendet werden kann, ohne sich mit dem Dornacher Vorstand in entsprechendes Verhältnis zu setzen. Ich muß das erwähnen, weil immer solche Dinge vorgehen, daß zum Beispiel Vorträge gehalten werden unter dem Titel der Allgemeinen Anthroposophischen Gesellschaft, ohne daß in Dornach angefragt wird. Es werden Dinge, die esoterischen Grundzug haben, wie Formeln und dergleichen, verwendet, ohne das durch eine Verständigung mit dem Vorstand zu begründen, was durchaus notwendig ist, denn wir haben es mit Realitäten zu tun, nicht mit irgendwelchen Verwaltungsmaßnahmen oder Formalien. So ist also für alle diese und ähnliche Dinge eine Verständigung zu suchen oder eine Anfrage zu richten an den Schriftführer des Dornacher Vorstandes. Wenn die Verständigung nicht vorliegt, wird die betreffende Veranstaltung als nicht von der anthroposophischen Bewegung ausgehend angesehen. Das würde in irgendeiner Weise zutage treten müssen.

Es ist nun so, daß alles irgend Bürokratische, formal Verwaltungsmäßige aus der Anthroposophischen Gesellschaft in Zukunft ausscheiden muß. Das Verhältnis, das besteht innerhalb der Anthroposophischen Gesellschaft, ist ein rein menschliches, alles auf das Menschliche abstellendes. Vielleicht darf ich auch hier erwähnen, daß dieses schon dadurch zutage tritt, daß nunmehr alle die zwölftausend Mitgliederzertifikate, die ausgestellt werden, von mir persönlich unterschrieben werden. Ich habe auch den Rat bekommen, ich solle einen Stempel machen lassen und aufdrücken. Ich tue das nicht. Es ist nur eine kleine Maßregel, aber es ist etwas anderes, wenn ich mein Auge habe ruhen lassen auf dem Namen eines Mitgliedes und dadurch das, wenn auch abstrakte, so doch immerhin persönliche Verhältnis eingetreten ist. Wenn es auch eine Äußerlichkeit ist, so soll es doch anzeigen, daß in Zukunft angestrebt wird, die Verhältnisse zu persönlichen, zu menschlichen zu machen. Daher mußte zum Beispiel neulich in Prag, als gefragt wurde, ob die böhmische Landesgesellschaft Mitglied werden könne der Anthroposophischen Gesellschaft, dahingehend entschieden werden, daß sie das nicht könne: es können nur einzelne Menschen Mitglied der Anthroposophischen Gesellschaft werden; die können sich dann zusammenschließen zu irgendwelchen Gruppen. Aber als einzelne Menschen werden sie Mitglieder und tragen das Zertifikat als einzelne Menschen. Juristische Personen, also nichtmenschliche Persönlichkeiten, werden das nicht haben. Ebenso sind die Statuten nicht Feststellungen, sondern eine einfache Erzählung desjenigen, was der im esoterischen Sinne aufzufassende Vorstand in Dornach aus seiner Initiative heraus für die anthroposophische Bewegung tun will. Alle diese

Dinge müssen in der Zukunft mit dem höchsten Ernste genommen werden; nur dadurch wird es möglich sein, in der Anthroposophischen Gesellschaft dasjenige zu schaffen, ohne dessen Schöpfung es mir unmöglich gewesen wäre, die Leitung der Anthroposophischen Gesellschaft selber zu übernehmen.

Nun soll auch durchaus in all unser Wirken und Schaffen durch die Weihnachtstagung ein neuer Zug kommen. Und deshalb wird in der Zukunft ganz aus dem Geistigen heraus auch gesprochen werden, gesprochen werden so, daß Dinge, wie sie sich zugetragen haben durch dasjenige, was eben in der letzten Zeit geschehen ist, sich nicht mehr zutragen können. Sehen Sie, ein großer Teil der Feindseligkeiten ist zum Beispiel entstanden durch manches, was provozierend war in der Gesellschaft. Gewiß, dazu kommen alle möglichen unlauteren Dinge, aber in Zukunft wird man gar nicht mehr so zu den Feindseligkeiten sich stellen können wie in der Vergangenheit. Denn die Zyklen sind so, daß sie für jeden zu haben sind, daß sie vom Philosophisch-Anthroposophischen Verlag zu beziehen sind. Wir werden sie nicht im Buchhandel anpreisen lassen, die Freigabe ist auch nicht so aufzufassen, daß sie dem Buchhandel eingefügt werden, aber sie werden jedem zugänglich sein. Schon dadurch ist die Behauptung weggeschafft, daß die Anthroposophische Gesellschaft eine Geheimgesellschaft sei mit Geheimschriften. Aber es wird in Zukunft gar manches durch die anthroposophische Bewegung fließen, demgegenüber man gar kein Verhältnis zu irgendeiner feindlichen Außenwelt gewinnen kann. Vieles von dem, was in die Lehren der Anthroposophischen Gesellschaft in Zukunft einfließen wird, wird so sein, daß es die selbstverständliche Feindseligkeit hervorrufen wird derjenigen, die draußen stehen, aber eine Feindseligkeit, um die man sich nicht kümmern wird, weil sie eine selbstverständliche ist.

So möchte ich aus diesem Geiste heraus einiges zu Ihnen sprechen, möchte namentlich darüber sprechen, wie das Begreifen der geschichtlichen Entwickelung der Menschheit ein ganz anderes Licht bekommt, wenn man Ernst macht mit der Betrachtung der Karmaverhältnisse im Weltenwerden.

Sehen Sie, ich habe bei der allerersten Versammlung, die in Berlin zur Begründung der damaligen Deutschen Sektion der Theosophischen

Gesellschaft war, für einen Vortrag, den ich damals halten wollte, einen bestimmten Titel gewählt. Der Titel hieß: «Praktische Karma-Übungen». Ich wollte damals dasjenige einleiten, was jetzt geschehen soll. Ich will Ernst machen mit der Betrachtung des Karma.

Dazumal waren in der Deutschen Sektion der Theosophischen Gesellschaft einzelne ältere Mitglieder der Theosophischen Gesellschaft; die fingen an förmlich zu beben davor, daß ich die Absicht hätte, in einer so esoterischen Weise anzufangen. Und in der Tat war keine Stimmung dazu da. Man konnte konstatieren, wie wenig vorbereitet die Seelen für so etwas waren. Es konnte in der Form, wie es damals beabsichtigt war, das Thema «Praktische Karma-Übungen» überhaupt nicht zur Geltung kommen. Die Verhältnisse machten es dazumal notwendig, daß eigentlich in einer viel exoterischeren Weise gesprochen wurde, als es damals beabsichtigt war. Aber es muß einmal mit dem wirklichen Esoterischen begonnen werden, nachdem mehr als zwei Jahrzehnte vorbereitender Arbeit geschehen ist. So konnte die Weihnachtstagung in Dornach stattfinden, wo das Esoterische in die Gesellschaft hineinkam, und so kann eigentlich jetzt dort angeknüpft werden, wo damals beabsichtigt war, diesen esoterischen Zug in die Gesellschaft hineinzutragen.

Geschichtliche Entwickelung der Menschheit, was ist sie eigentlich, wenn wir hinschauen auf dasjenige, was sich enthüllt für den Menschen als wiederholte Erdenleben? Bedenken Sie doch, meine lieben Freunde, wenn irgendeine Persönlichkeit irgendwie leitend, führend in der Entwickelung der Menschheit auftritt, müssen wir sagen: diese Persönlichkeit trägt in sich eine seelische Individualität, die oftmals schon da war im Erdenleben und die in dieses Erdenleben hineinbringt die Impulse aus früheren Erdenleben. Wir verstehen sie in Wirklichkeit nur, wenn wir sie aus ihrem früheren Erdenleben heraus begreifen. Wir sehen daraus zugleich, wie dasjenige, was in früheren Epochen der Weltgeschichte wirkte, herübergetragen wird aus früheren Epochen der Weltgeschichte durch die Menschen selber. Dasjenige, was in der heutigen Zivilisation lebt, ist herausgewachsen aus den Menschen der weiteren Gegenwart. Diese Menschen der weiteren Gegenwart aber sind ja dieselben Seelen, die in früheren Epochen da waren, die das aufgenommen haben, was frühere Zivilisationsepochen gebracht haben. Das haben diese Menschen selber herübergetragen in die Gegenwart. Und so ähnlich ist es für die anderen Epochen. So daß man dieses Fortströmen der Zivilisationsimpulse nur begreifen kann, wenn man eingehen kann auf dasjenige, was durch die Seelen aus einer Zeitepoche in die andere herübergebracht wird. Dann ergibt sich aber eine konkrete Geschichte gegenüber der abstrakten. Sonst spricht man nur immer davon, daß Ideen in der Weltgeschichte wirken oder moralischer Wille, überhaupt Moralimpulse, welche die Dinge von einem Zeitraum in den anderen hinübertragen. Die Träger dessen, was aus anderen Kulturepochen stammt, sind die Menschenseelen selber, denn sie verkörpern sich immer von neuem. Nur dann auch begreift man, wie man selber geworden ist, wie man hereingetragen hat dasjenige, was zugrunde liegt dem Schicksal des Leibes, dem Schicksal im Guten wie im Bösen, wenn man zunächst einmal hinschaut auf die Art und Weise, wie das, was Geschichte geworden ist, von den Menschen selbst, die in wiederholten Erdenleben gelebt haben, von einer Epoche in die andere getragen worden ist. Dann enthüllen sich erst die Geheimnisse, die großen Rätselfragen des geschichtlichen Werdens.

Nun möchte ich einmal heute an drei Beispielen zeigen, wie Karma durch konkrete Persönlichkeiten wirkt: ein Beispiel, das mehr auf den großen Schauplatz der Geschichte führt, und zwei weitere Beispiele, die mehr die Wiederverkörperungen von einzelnen Menschen ins Auge fassen.

Sehen Sie, in unserer modernen Zivilisation ist sehr viel von dem drin, was eigentlich heute nicht ganz zum Christentum, zur christlichen Entwickelung stimmt: die neuere Naturwissenschaft mit alldem, was von ihr aus schon bis in die Volksschule hineingetragen wird, so daß die Menschen, die auch nichts von Naturwissenschaft wissen, ein im Sinne der Naturwissenschaft gehaltenes Denken haben. Diese Impulse sind eigentlich nicht christlich. Woher stammen sie?

Nun, Sie alle wissen, daß sich etwa ein halbes Jahrtausend nach der Begründung des Christentums der Arabismus, inspiriert durch Mohammed, ausgebreitet hat. Zunächst verfolgt man diesen Arabismus so, daß Mohammed eine Lehre begründete, die sich in einem gewissen Sinne dem Christentum entgegenstellte. Inwiefern dem Christentum entgegenstellte? Sehen Sie, es gehört schon einmal zum Christentum, daß in dem Kern des Christentums leben die drei Formen des Göttlichen: der Vater, der Sohn und der Geist. Das führt zurück auf die alten Mysterien, die den Menschen hinaufgeführt haben durch vier Vorstufen, dann durch die drei oberen Stufen. Wenn der Mensch die fünfte Stufe erreicht hat, erscheint er als der Repräsentant des Geistes, in der sechsten als der Repräsentant des Christus, in der siebenten, der höchsten, als der Repräsentant des Vaters. Das will ich nur erwähnen.

Diese Trinität macht es möglich, daß in der Entwickelung des Christentums der Impuls der Freiheit liegt. Da schaut man hinauf zum Vatergott. Was hat man da? Wenn man hinaufschaut zum Vatergott, so ist der Vatergott jene Geistigkeit, die in all den Kräften des Weltenalls lebt, die für das Erdensein vom Monde ausgehen. Nun gehen innerhalb des Erdenseins vom Monde alle diejenigen Kräfte aus, die es mit den Impulsen der physischen Keimung, also beim Menschen der physischen Menschwerdung zu tun haben. Natürlich muß man sich immer klar sein darüber, daß diese physische Menschwerdung ihre geistige Seite hat. Wir steigen herunter vom vorirdischen Dasein, das ein geistig-seelisches ist, in das irdische Dasein, wir vereinigen uns mit dem physischen Leib. Aber alles, was da geschieht, was den Menschen von der Geburt aus ins Erdenleben hineinstellt, ist Vatergott-Schöpfung, ist für die Erde Schöpfung durch Mondenkräfte. Dadurch ist der Mensch, indem er durch ein Erdenleben hindurch den Mondenkräften unterworfen ist, schon vorher bestimmt, wenn er in die Erdentwickelung hereintritt, ganz bestimmten Impulsen unterworfen zu sein. Daher ist auch zum Beispiel eine Mondreligion, eine ausgesprochene Vaterreligion – wie es die hebräisch-jüdische des Altertums war –, durchaus darauf aus, nur dasjenige im Menschen gelten zu lassen, was in ihm veranlagt ist durch die Vatergott-Kräfte, durch die Mondkräfte. Als nun aber das Christentum begründet wurde, waren in der Umgebung des Christus durchaus noch alte Mysterienwahrheiten vorhanden, die zum Beispiel zurückgewiesen haben auf ganz bestimmte Einrichtungen, die in der ältesten Zeit der nachatlantischen Kulturentwickelung bestanden haben, Einrichtungen, die heute dem Menschen ganz grotesk erscheinen, die aber in der Menschennatur begründet waren.

Sehen Sie, wenn der Mensch in der ersten nachatlantischen Kulturperiode, die wir die urindische genannt haben, so dreißig Jahre alt geworden war, trat mit ihm eine ganz radikale Umwandlung, eine Metamorphose im Erdenleben ein. Eine so radikale Umwandlung, daß, in heutiger, moderner Form ausgesprochen, folgendes passieren konnte: Der Mensch, der das dreißigste Lebensjahr überschritten hatte, begegnete einem anderen, den er sehr gut kannte, mit dem er vielleicht befreundet war, und der noch nicht das dreißigste Lebensjahr überschritten hatte. Der redet ihn an, will ihn begrüßen. Der das dreißigste Jahr überschritten hat, versteht gar nicht, was er will: Er hat alles auf der Erde Erfahrene mit dem dreißigsten Lebensjahr vergessen! Und dasjenige, was in ihm weiter im Leben als Impuls wirkt, das wurde ihm durch die Mysterien verliehen. So war es in den ältesten Zeiten der Entwickelung nach der atlantischen Katastrophe. Um das, was er vorher erlebt hatte, zu erfahren, mußte er sich erst erkundigen: das mußte er erst aus der kleinen Gemeinde, die da war, erfahren. Mit dreißig Jahren wurde die Seele so umgewandelt, daß der Mensch ein ganz neuer Mensch war. Er fing ein neues Dasein an, so wie er als Kind mit der Geburt angefangen hatte. Damals war ihm ganz klar: Bis zum dreißigsten Lebensjahr wirken die Jugendkräfte; dann mußten die Mysterien, die reale Impulse in sich schlossen, dafür sorgen, daß der Mensch weiter in seiner Seele Menschendasein hatte. Das taten die Mysterien, weil sie Besitzer des Sohnesgeheimnisses waren.

Der Christus lebte nun schon in einer Zeit, in der die Sohnesgeheimnisse, wie ich sie hier nur andeuten kann, vollständig zerstoben waren, nur in kleinen Kreisen noch gewußt wurden. Der Christus konnte sich aber offenbaren durch sein Erlebnis im dreißigsten Lebensjahr dahin, daß er nun als der letzte den Sohnesimpuls, und zwar vom Weltenall unmittelbar empfangen hatte, wie man ihn empfangen muß, um nach dem dreißigsten Jahr ebenso von den Sonnenkräften abhängig zu sein wie vorher von den Mondenkräften. Christus hat begreiflich gemacht den Menschen: die Sohneswesenheit in ihm ist jene Sonnenwesenheit, die einstmals in den Mysterien erwartet worden war, aber als etwas, was nicht auf der Erde war. Damit ist die Menschheit hingewiesen worden, so wie man in den alten Mysterien in die Geheimnisse der Sonnenkraft hineingeschaut hat, so jetzt auf den Christus, um zu sagen, daß nun das Sonnengeheimnis in den Menschen eingetreten ist. Das ist ja dann in den ersten christlichen Jahrhunderten vollständig ausgerottet worden. Sternenweisheit, kosmische Weisheit ist ausgerottet worden, und eine materialistische Auffassung des Mysteriums von Golgatha hat sich allmählich gebildet, die den Christus nur kennt als etwas, was allerdings in Jesus gelebt hat, im übrigen aber von dem ganzen Zusammenhang nichts wissen will.

Nun konnten diejenigen, die das wußten, in den ersten christlichen Jahrhunderten sagen: Neben dem Vatergott besteht der Sohnes- oder der Christus-Gott. Der Vatergott ist der Regierer dessen, was in den Menschen fatalistisch veranlagt ist, weil es mit ihm geboren ist und in ihm wirkt wie Naturkräfte. So ist auch die hebräische Religion konstituiert. Das Christentum setzt die Sohneskraft daneben, die während des menschlichen Lebenslaufes einzieht als ein Schöpfer in seine Seele, die ihn frei macht und ihn vor sich selbst wiedergeboren werden läßt, daß er etwas im Erdenleben werden könne, was noch nicht vorherbestimmt ist mit der Geburt durch die Mondenkräfte. Das war der Hauptimpuls des Christentums in den ersten Jahrhunderten.

Gegen diesen Impuls hat sich der Mohammedanismus aufgelehnt mit seinem Satze, der weithin wirkt: Da ist kein Gott außer Gott, den da Mohammed zu verkünden hat. – Es ist ein Zurückgehen auf Vorchristliches, nur in der Erneuerung, wie es eintreten mußte, weil es eintrat ein halbes Jahrtausend nach der Begründung des Christentums. Damit war der Naturgott, der Vatergott zu dem alleinigen gemacht, nicht ein Freiheitgott, ein die Menschen zur Freiheit führender Gott. Das begünstigt innerhalb des Arabismus, wo sich der Mohammedanismus ausbreitet, eine Wiedererneuerung alter Kulturen. Eine Wiedererneuerung uralter Kulturen mit Ausschluß des Christentums findet in der Tat in grandioser Weise statt in verschiedenen Zivilisationszentren des Orientes. Es breitete sich zugleich mit den kriegerischen Strömungen des Arabismus aus von Osten nach Westen, in Afrika, ich möchte sagen, das Christentum umfangend, ein Zug von Wiedererneuerung alter Kultur im Arabismus.

Eine glänzende Stätte für diesen Arabismus war in Asien drüben am

Hofe des *Harun al Raschid*, so in dem Zeitalter, in dem in Europa *Karl der Große* herrschte. Aber während Karl der Große kaum darüber hinauskam, schreiben und lesen zu können, die primitivsten Anfänge der Kultur zu entfalten, lebte eine höchst großartige Kultur am Hofe Harun al Raschids. Harun war vielleicht kein ganz guter, aber ein umfassender Geist, ein eindringlicher, genialer Geist, im besten Sinne des Wortes ein universeller Geist. Er versammelte am Hofe alle diejenigen Weisen, welche Träger waren desjenigen, was dazumal gewußt werden konnte: Dichter, Philosophen, Mediziner, Theologen, Architekten, alles das lebte, hergeführt von seinem großen Geiste, am Hofe Harun al Raschids.

Nun lebte an diesem Hofe Harun al Raschids ein ganz eminenter, bedeutsamer Geist, ein Geist, der – nicht dazumal in der Inkarnation am Hofe Harun al Raschids, sondern in einer früheren Inkarnation – ein wirklicher Eingeweihter gewesen war. Sie werden sich fragen: Bleibt denn ein Eingeweihter, durch die Inkarnationen gehend, nicht ein Eingeweihter? Man kann ein tief Eingeweihter in einer früheren Epoche gewesen sein, und man muß in einer neuen Epoche denjenigen Körper benützen, man muß diejenige Erziehung durchmachen, welche aus dieser Epoche herauskommen kann. Dann muß man die Kräfte, die zunächst aus der früheren Inkarnation kommen, im Unterbewußtsein halten. Es muß sich dasjenige, was der entsprechenden Zivilisation gemäß ist, in einem Menschen dann entwickeln. So leben durchaus Menschen, die äußerlich eben wie Ergebnisse ihrer Zivilisation erscheinen; aber durch die Art, wie sie draußen leben, sieht man tiefere Impulse in ihnen: Sie waren früher Eingeweihte, verlieren das auch nicht, handeln auch in ihrem Unterbewußtsein darnach; sie können aber nicht anders, als sich anpassen dem, was das Leben der Kultur eben gewährt.

So war die Persönlichkeit, von der die Überlieferung sagt, daß sie großartige Einrichtungen für alle die Wissenschaften am Hofe Harun al Raschids getroffen hat, dazumal eben nur einer der größten Weisen seiner Zeit, mit einem im Geiste so überragenden Organisationstalent, daß viel von dem, was am Hofe Harun al Raschids gewirkt hat, von diesem Geiste ausging.

Nun breitete sich der Arabismus durch Jahrhunderte aus. Wir wissen ja von den Kriegen, die Europa geführt hat, um den Arabismus in seine Schranken zurückzuweisen. Damit war es nicht abgetan: Die Seelen, die gewirkt haben im Arabismus, gehen durch die Pforte des Todes, entwickeln sich durch die geistige Welt weiter und bleiben in einer gewissen Art bei ihrem Wirken. So ist es bei den zwei Individualitäten des Harun al Raschid und seines weisen Ratgebers, der an seinem Hofe gelebt hat.

Folgen wir zunächst Harun al Raschid. Er geht durch die Pforte des Todes, entwickelt sich durch die geistige Welt weiter. Die äußere Form des Arabismus wird zurückgedrängt; das Christentum pflanzt seinen exoterischen Charakter, den es allmählich angenommen hat, Mittel- und Westeuropa ein. Aber so wenig es möglich ist, in der alten Form des Mohammedanismus, des Arabismus in Europa weiterzuwirken, so sehr wird es möglich, daß die Seelen derjenigen, die am Hofe des Harun al Raschid in dieser glänzenden Zivilisation einmal gelebt und den Impuls empfangen haben, darin weiterzuwirken, eben weiterwirken.

So sehen wir, daß Harun al Raschid selber wiederverkörpert wird in der vielgenannten Persönlichkeit des *Baco von Verulam*, jenes englischen führenden Geistes, von dem die ganze moderne wissenschaftliche Denkweise und damit vieles von dem, was jetzt in den Menschen lebt, beeinflußt ist. Harun al Raschid konnte nicht von London, von England aus eine im strengen Sinne des Arabismus geformte Kultur und Zivilisation verbreiten, diese Seele mußte sich der Form bedienen, die im westlichen Abendlande möglich war. Aber der ganze Grundzug, der Grundduktus desjenigen, was Baco von Verulam über die europäische Denkweise ergossen hat, das ist der alte Arabismus in der neuen Form. Und so lebt gerade in dem, was naturwissenschaftliche Denkweise heute ist, der Arabismus, weil Baco von Verulam der wiederverkörperte Harun al Raschid war.

Der Weise, der an seinem Hofe gelebt hat, er ging ebenfalls durch die Pforte des Todes; aber er ging einen anderen Weg. Er konnte nicht untertauchen in eine solche materialistisch gesinnte Geistesströmung, in die Baco untertauchen konnte, er mußte bei einer mehr spirituellen Geistesströmung bleiben. Und so kam es denn, daß in dem Zeitalter, in dem auch Baco von Verulam wirkte, ein anderer Geist – aber jetzt in

Mitteleuropa – wirkte, der sich gewissermaßen der Seele nach begegnete mit dem, was ausging von der Seele des wiedergeborenen Harun al Raschid. Wir sehen gewissermaßen die Baco-Strömung von England gegen Mitteleuropa herüber sich ergießen, von Westen nach Osten. Dadurch, daß die Seele, ich möchte sagen, von Spanien und Frankreich herüber zurückgebracht hat diese Anschauung des Arabismus, dadurch ist schon zu begreifen, daß sie einen anderen Inhalt bekam als jene Seele, die durch die Pforte des Todes geht, den Blick während des Durchgangs durch die geistige Welt gerichtet hat auf das, was in Ost- und Mitteleuropa war, und in Mitteleuropa wiedergeboren wurde als *Amos Comenius*. Er hat dasjenige, was er ausgelebt hat am Hofe Harun al Raschids aus orientalischer Weisheit heraus, wieder erneuert dadurch, daß er dann im 17. Jahrhundert diejenige Persönlichkeit war, welche ganz energisch den Gedanken vertreten hat: Ein Geistiges, ein gegliedertes Geistiges geht durch die Menschheitsentwickelung. – Trivial sagt man oftmals, Comenius habe geglaubt an das «Tausendjährige Reich». Das ist trivial gesprochen. In Wahrheit bedeutet das, daß Comenius an Epochen in der Menschheitsentwickelung geglaubt hat, daß er eine geistige, von der geistigen Welt aus gegliederte weltgeschichtliche Entwickelung angenommen hat. Er will zeigen, daß ein Geistiges die ganze Natur durchwallt und durchwebt: er schreibt eine «Pansophia», eine Allweisheit. Es ist eigentlich ein tiefer geistiger Zug in dem, was Amos Comenius wirkte. Dabei ist er ein Erneuerer des Erziehungswesens. Das ist bekannt: er strebte nach Anschaulichkeit; aber nach einer anderen Anschaulichkeit als der Materialismus, nach einer durch und durch geistigen Anschaulichkeit. Ich kann das nicht in Einzelheiten auseinandersetzen, ich kann nur hinweisen, wie Arabismus in westlicher Form, Arabismus in orientalischer Form, ausgeflossen ist von dem, was in Mitteleuropa aus dem Zusammenströmen dieser beiden Geistesimpulse entstanden, hervorgegangen ist.

Wir begreifen vieles von dem, was in der Zivilisation Mitteleuropas lebt, nur, wenn wir so sehen, wie Geister, die am Hofe Harun al Raschids lebten, selber – in der Form, wie es erneuert werden konnte – herübertragen aus Asien das, was aus dem Arabismus fließt. So sehen wir, wie im geschichtlichen Werden die Individualität des Menschen wirkt.

Und wir können dann, wenn wir hinblicken auf solche signifikante Beispiele, an diesen lernen, wie Karma durch die Inkarnationen wirkt. Dann kann es schon, wie ich das bei verschiedenen Gelegenheiten besprach, angewendet werden auf das, was unsere eigene Inkarnation ist. Aber zunächst müssen wir konkrete Beispiele haben.

Nun betrachten wir zunächst ein solches Beispiel – und da ist wohl vor allen Dingen Interesse dazu vorhanden hier in diesem Lande –, betrachten wir den schweizerischen Dichter *Conrad Ferdinand Meyer*. Wenn wir außer auf seine Dichtungen noch auf die Persönlichkeit Conrad Ferdinand Meyers blicken, so kann er schon ein großes Interesse erwecken. Er ist eine merkwürdige Persönlichkeit, dieser Conrad Ferdinand Meyer. Es ist eigentlich bei ihm immer so gewesen: Wenn er seine in wunderbaren Rhythmen einherschreitenden Dichtungen komponierte, sieht man, wenn man diese Dinge beobachten kann, wie seine Seele in jedem Augenblick etwas Neigung dazu hatte, aus dem Körper herauszutreten. Es hat schon etwas rein Seelisches, was in den wunderbaren Formen der Dichtungen, auch den Prosadichtungen Conrad Ferdinand Meyers lebt. Er hat auch wiederholt in seinem Leben unter dem Schicksal zu leiden gehabt, daß, wenn diese Trennung vom Geistig-Seelischen und Physisch-Leiblichen zu stark wurde, eine Trübung in seinem Erdenleben eintrat. Aber dieses nur lose Ineinanderwirken des Geistig-Seelischen und des physischen Leibes – man merkt es, wenn man sich mit den Dichtungen oder der Persönlichkeit des Conrad Ferdinand Meyer beschäftigt. Diese Individualität, die in der Conrad Ferdinand Meyer-Inkarnation nur lose in dem physischen Leibe drinnen lebt, die muß – so sagt man sich zunächst – in früheren Erdenleben ganz Besonderes durchgemacht haben.

Nun sind Forschungen in bezug auf frühere Erdenleben wahrhaftig nicht immer leicht. Man muß die mannigfaltigsten Enttäuschungen, das mannigfaltigste Zurückgeworfenwerden in bezug auf das, was man geistig durchdringen will, durchmachen. Zur Befriedigung des Sensationswütigen ist darum das, was ich sage über die Wiederverkörperungen, durchaus nicht da, sondern um immer tiefer in das geschichtliche Werden hineinzuleuchten.

Wenn man Conrad Ferdinand Meyers Leben verfolgt, gerade wenn man ausgeht von dieser losen Verbindung des Geistig-Seelischen mit dem Physisch-Leiblichen, dann wird man zurückgeleitet zu einer sehr frühen Inkarnation, einer Inkarnation im 6. nachchristlichen Jahrhundert. Da wird man auf eine Individualität geführt, bei der man zunächst mit der geistigen Intuition, mit der man solche Dinge verfolgt, nicht ganz zurechtkommt. Man wird eigentlich geistig von dieser Individualität, die in Italien lebte, in Italien sich hineinfindet in die damals sich ausbreitende Form des Christentums, wiederum abgebracht. Man kann nicht recht an sie heran, und man wird dann auf die Conrad Ferdinand Meyer-Inkarnation zurückgeworfen, so daß man eigentlich bei dieser Untersuchung einer früheren Inkarnation, wenn man schon glaubt, in dieser Inkarnation des 6. Jahrhunderts angekommen zu sein, wieder zurück muß zu dem späteren Conrad Ferdinand Meyer und jetzt den Zusammenhang zwischen diesen beiden Inkarnationen nicht ordentlich versteht, bis man darauf kommt, was des Rätsels Lösung ist. Man merkt, in Conrad Ferdinand Meyer lebt ein Gedanke, der einen beirrt, ein Gedanke, der auch künstlerisch geworden ist, ein Gedanke, der übergegangen ist in seine Erzählung «Der Heilige», in welcher *Thomas Becket*, der Kanzler-Bischof von Canterbury im 12. Jahrhundert am Hofe Heinrichs von England, behandelt wird.

Aber nun, wenn man dasjenige verfolgt, was an Gedanken- und Empfindungszusammenhängen in Conrad Ferdinand Meyer lebte, indem er an dieser Erzählung schrieb, dann kommt man erst so recht hinein in die Art und Weise, wie Conrad Ferdinand Meyers Geist wirkte. Man wird gewissermaßen von einer Verdunkelung des Bewußtseins in die Erhellung geführt und wieder zurück. Man sagt sich zuletzt: Mit diesem Gedanken in Conrad Ferdinand Meyers Erzählung hat es eine ganz besondere Bewandtnis; der ist nicht so ohne weiteres erklärbar, er muß eigentlich tief sitzen. Dann kommt man darauf, daß er hervorgeht aus einem Impuls in einem früheren Erdenleben, in welchem die Individualität des Conrad Ferdinand Meyer in Italien war, an einem kleineren Hofe gelebt hat, innerhalb der christlichen Entwickelung eine große Rolle gespielt hat: da hat diese Individualität etwas Besonderes erlebt. Man kommt allmählich darauf, daß diese Individualität mit einer christlichen Mission von Italien ausgeschickt worden ist nach

England. Diese Mission hat dazumal das Erzbistum von Canterbury gegründet. Die Individualität, die später zu Conrad Ferdinand Meyer geworden ist, war auf der einen Seite tief berührt von jener Kunst, die ausgestorben ist, die im 4., 5. Jahrhundert in Italien vorhanden war, die dann in den Mosaiken Italiens ihre weitere Ausgestaltung gefunden hat. In dem wirkte die Individualität Conrad Ferdinand Meyers darinnen. Dann ging sie, impulsiert vom damaligen Christentum, mit der Mission nach England. Nachdem sie dann das Erzbistum von Canterbury mitbegründet hatte, wurde sie von einem angelsächsischen Häuptling unter merkwürdigen Umständen ermordet.

Dieser Umstand lebte als Impuls in der Seele weiter. Und als diese Seele als Conrad Ferdinand Meyer geboren wurde, lebte im Unterbewußtsein dieses Schicksal von dazumal: Das Ermordetwerden in England – es hat etwas zu tun mit dem Erzbistum von Canterbury! So wie manchmal ein Erinnerungsimpuls heraufgeholt wird, wenn ein Wort anklingt, so wirkt dieser Impuls «ich habe einmal etwas zu tun gehabt mit Canterbury» nach, und das treibt Conrad Ferdinand Meyers Seele dahin, nicht sein Schicksal zu schildern – das bleibt im Unterbewußtsein –, aber das ähnliche Schicksal des Thomas Becket, des Kanzlers Heinrichs von England, der zu gleicher Zeit Erzbischof von Canterbury war.

Dieses merkwürdige seelische Leiden des Conrad Ferdinand Meyer bewirkt auch das Herüberrutschen des eigenen Schicksals in das andere, das er als Conrad Ferdinand Meyer aus der Geschichte kennenlernt.

In der Zeit des Dreißigjährigen Krieges, wo so viele chaotische Verhältnisse in Mitteleuropa herrschten, wurde diese Individualität wiedergeboren, und zwar als Frau. Und als weibliche Persönlichkeit wirkte nun das Chaotische im Zeitalter des Dreißigjährigen Krieges ganz besonders tief auf diese Individualität. Diese Frau verheiratete sich mit einer Persönlichkeit, die eigentlich etwas ungeschliffen war, ein Haudegen, der den deutschen Verhältnissen entfloh ins Graubündner Land in der Schweiz. So verbrachte dieses Ehepaar – die Frau empfänglich für die gewaltigen Eindrücke der Gegenwart, die zwar chaotisch waren, der Mann mehr philiströs –, so verbrachten sie die Zeit im Graubündner Lande.

Da wurde aufgenommen aus den weltwirkenden Vorgängen der Zeit das, was wieder hervorzusprießen sucht in «Jürg Jenatsch». Also die Gedanken und Empfindungen leben wiederum auf bei Conrad Ferdinand Meyer aus demjenigen, was er erlebt hat in dieser Weise. Das Schwierige ist, daß Conrad Ferdinand Meyer diese Eindrücke in die Seele aufnahm, aber sie zur Verwandlung treiben mußte, aus dem Grunde, weil er in der Welt so lebte, daß eigentlich sein Geistig-Seelisches immer Impulse aufnahm, die dann bewirkten, daß in der Conrad Ferdinand Meyer-Inkarnation es nur in loser Weise mit dem Leiblich-Physischen verbunden war.

Nun, Sie sehen darin etwas, woran man zeigen kann, wie in das Denken, Fühlen, Empfinden und künstlerische Schaffen einer Persönlichkeit die alten Impulse herüberwirken auf eine ganz merkwürdige Weise. Durch Spekulation, durch Nachdenken auf irgendeine intellektuelle Weise ergibt sich die Wahrheit darüber ganz gewiß nicht, sondern wirklich nur in der geistigen Anschauung.

Von ganz besonderem Interesse mit Bezug auf ihre wiederholten Erdenleben sind dann Persönlichkeiten, die in irgendeinem Erdenleben den Blick anziehen. Sehen Sie, da ist eine Persönlichkeit, die ja ganz besonders hier den Menschen lieb und wert ist und die so recht hineinschauen läßt in die Art und Weise, wie Seelen durch die Erdenleben durchgehen. Lernt man diese Dinge wirklich kennen, so nehmen sie sich anders aus, als man eigentlich voraussetzt.

Da haben wir eine Seele – ich konnte sie zuerst treffen in einer Art priesterlicher Funktion innerhalb alter Mysterien. In einer Art priesterlicher Mission; nicht gerade ein an erster Stelle leitender Priester, aber ein Priester, der durch seine Position innerhalb der Mysterien die Seelen in hohem Grade bilden konnte. Eine edle Persönlichkeit voller Güte in der damaligen Inkarnation, wie sie durch die Mysterien eben einmal herangewachsen ist.

Diese Persönlichkeit hatte nun das Schicksal, in dem ersten Jahrhundert vor der Begründung des Christentums, also etwa hundert Jahre vor Christi Geburt, durch Sitten, wie sie damals üblich waren, einem Sklavenhändler zu dienen, unter einer ziemlich grausamen Persönlichkeit Führer zu sein einer Schar von Sklaven, die hart arbeiten mußten und die eben nicht anders behandelt werden konnten, als sie behandelt wurden nach den Sitten der damaligen Zeit. Diese Persönlichkeit muß man nun nicht verkennen, nicht mißverstehen. Man muß die Zusammenhänge in alten Kulturen anders auffassen als in unseren. Man muß durchaus verstehen, daß eine solch edle Persönlichkeit, wie diejenige war, von der ich spreche, wiederverkörpert werden konnte etwa hundert Jahre vor der Begründung des Christentums als eine Art Sklavenhalter für ein großes Sklavenheer. Sie konnte nicht viel aus eigenem Impuls heraus handeln, das war ihr schweres Schicksal. Aber zu gleicher Zeit hatte sie ein eigentümliches Verhältnis begründet zu den Seelen, die in den Sklaven waren, die hart arbeiten mußten. Sie gehorchte, diese Persönlichkeit, eben jener mehr grausamen Persönlichkeit, von der ich gesprochen habe – heute würden wir sagen: ihrem Vorgesetzten. Aber in solchen Dingen, solchen Zusammenhängen bilden sich Antipathien und Sympathien. Und als dann diese Persönlichkeit, die manchmal mit schwerem, blutendem Herzen dasjenige getan hat, was ihr zu tun oblag nach den Befehlen, die sie erhalten hatte, durch die Pforte des Todes ging, traf sie dort zusammen mit den Seelen, die auch auf diese Persönlichkeit einen gewissen Haß geworfen hatten. Das lebte sich dann aus in dem Leben zwischen Tod und neuer Geburt und begründete so seelisch-geistige Zusammenhänge, die dann als Impulse vorbereitend wirkten für das nächste Erdenleben.

Nun bilden sich natürlich zwischen allen Menschen, die miteinander zu tun haben, karmische Zusammenhänge. Es ist schon auch einmal schicksalsgemäß, daß diese Individualität, von der ich hier spreche, die eine Art Sklavenführer und karmisch verbunden war mit ihrem Vorgesetzten, dessen Befehlen sie gehorchen mußte, sich auch in einer gewissen Weise schuldig machte – ich möchte sagen: unschuldig-schuldig – alles desjenigen, was die Grausamkeit des Vorgesetzten bewirkt hat. Sie tat eben mit, wenn auch aus keinem ursprünglichen Impulse heraus, so doch durch die Sitten und den ganzen Zusammenhang veranlaßt, und so bestand ein karmisches Band zwischen den beiden. Das bereitete sich so zu in dem Leben zwischen Tod und neuer Geburt, daß diese Persönlichkeit, die da Sklavenführer war, wiedergeboren wurde im 9. nachchristlichen Jahrhundert als Frau. Sie wurde die Frau jenes grausamen Vorgesetzten und erlebte in dieser Gemeinschaft mancherlei, was ein karmischer Ausgleich war für das, was ich als eine Art Unschuldig-Schuldigwerden an den begangenen Grausamkeiten bezeichnet habe. Aber was erlebt wird, vertieft die Seele weiter: Manches von dem tauchte wieder auf, was in der alten Priesterinkarnation da war, aber mit einer tiefen Tragik tauchte es wieder auf. Die Verhältnisse im 9. Jahrhundert brachten es dazu, daß dieses Ehepaar in Zusammenhang kam mit vielen Menschen, welche die wiederverkörperten Seelen waren derer, die mit ihnen gelebt hatten als die Sklavenseelen und die jetzt auch wiedergeboren wurden. Menschenseelen werden ja in der Regel im gleichen Zeitalter zusammen wiedergeboren. Und es entstand wiederum auf Erden ein Lebensverhältnis.

Die Seelen, die zusammengehalten wurden einstmals von dem Sklavenführer, lebten in einer mehr oder weniger großen Gemeinde jetzt räumlich zusammen. Der Gemeindediener, möchte man sagen – aber Diener in einem etwas höheren Sinne –, war jener grausame Mann. Und da er mit allen Bewohnern zu tun hatte, erlebte er nur Schlimmes von dieser Gemeinde, deren Vorsteher er nicht war, aber für die er viele Dinge zu besorgen hatte. Die Frau lebte dies immer mit. So sehen wir, wie eine Anzahl Menschen zusammenwachsen mit diesen beiden Persönlichkeiten. Aber das Karma, das nun die beiden Persönlichkeiten, den einstigen Vorgesetzten und den Sklavenführer, verbunden hatte, dieses karmische Band ist damit erfüllt. An diese Persönlichkeit war jene alte Priesterindividualität nicht mehr gebunden; aber mit den anderen blieb sie verbunden, weil eben doch vieles vorgekommen ist mit diesen Seelen, für das diese Individualität wenigstens das Werkzeug war in der Verkörperung etwa hundert Jahre vor Christus. Als Frau brachte sie nur Segen durch ihre Taten, als die Gemeinde versorgt wurde, allerdings in vieler Gutmütigkeit, aber in einer Gutmütigkeit, die doch vereinbar war damit, daß die Frau wiederum unendlich Tragisches litt.

Alles das, was als ein Gemeinsames entstand, was da karmische Fäden knüpfte, all das setzte sich fort, und beim weiteren Durchschreiten des Lebens zwischen Tod und neuer Geburt, jetzt nach dem 9. Jahrhundert bis in die neuere Zeit herauf, bildeten sich wiederum Impulse, die diese Menschen zusammenhielten. Und sie wurden jetzt, zwar nicht in irgendeiner äußeren Gemeinschaft, aber doch so wiedergeboren, daß die, die einstmals Sklavenseelen und dann in einer Dorfgemeinde verbunden waren, wenigstens in der gleichen Zeit wiedergeboren wurden, so daß die Möglichkeit da war, wieder in eine Beziehung zu treten zu der gleichzeitig geborenen Priesterindividualität aus der alten Mysterienstätte, der Sklavenführerindividualität in dem Zeitalter hundert Jahre vor Christus, der Frauenindividualität im 9. nachchristlichen Jahrhundert. Denn wiedergeboren wurde diese Individualität als *Pestalozzi*. Diejenigen, die auch ungefähr gleichzeitig wiedergeboren wurden, um das Karma zu erfüllen, diese Seelen, die ein so geartetes Verhältnis zu ihm hatten, wie ich es jetzt geschildert habe, die mußten die Schüler, die Zöglinge werden, denen Pestalozzi in Erfüllung seines Karma jetzt so ungeheure Wohltaten zukommen ließ.

Nun, meine lieben Freunde, es ist wirklich so: Wenn man das Leben betrachtet, und hinter dem Leben, wie es einem entgegentritt, sieht das Wirken der Seelen von Inkarnation zu Inkarnation – gewiß, es muß bestürzen, muß überraschen, denn es ist immer anders, als es der Verstand haben möchte. Aber dennoch, es bekommt das Leben etwas von einer ungeheuren Vertiefung seines Inhaltes, wenn man es in diesem Zusammenhang betrachtet. Und ich denke, der Mensch hat schon etwas gewonnen dadurch, daß er solche Zusammenhänge betrachtet. Werden sie hervorgeholt – manchmal auf eine recht schwierige Weise – aus den geistigen Hintergründen, und weist man, wie ich heute nur skizzenhaft tun konnte, auf dasjenige hin, was dann im offenbaren Dasein da ist, dann zeigt sich allerdings, wie Karma durch die menschlichen Leben hindurch wirkt. Damit gewinnt schon, wenn man eine solche Betrachtung hört, das Leben ernste Hintergründe, und man kann eine solche Betrachtung verstehen, wenn man das im Äußerlichen sich Darbietende wirklich unbefangen ins Auge faßt.

Anthroposophie ist nicht da, um bloß Theorien von wiederholten Erdenleben zu entwickeln und allerlei Schemata zu geben, sondern um die ganz konkreten geistigen Untergründe des Lebens zu zeigen. Die Menschen werden ganz anders in die Welt blicken, wenn wir diese Dinge zur Enthüllung bringen. Wenn es einmal sein soll, werden wir darauf hinzuweisen haben, wie das nun auch in die Taten der Menschen eingreifen kann. Wenn Sie solches wissen, wird sich schon zeigen, daß derlei wirkliche praktische Karmabetrachtungen dasjenige sind, was unsere Zivilisation als Einschlag, als Vertiefung braucht. Heute wollte ich Ihnen nur diese praktischen Karmabeispiele ans Herz legen. Betrachten Sie die Persönlichkeiten, die bekannt sind, genauer, Sie werden schon manches von dem, was ich ausgesprochen habe, bewahrheitet finden.

HINWEISE

zu Seite

9 *Vedendichtung:* Die ältesten Denkmäler der indischen Literatur (Lieder, Sprüche, Ritualien).

Vedantaphilosophie: Auch unter dem Namen Upanishaden bekannt; Philosopisch-spekulative Werke der Brahmanenschulen.

26 *dazu haben wir mit der Weihnachtstagung am Goetheanum die Impulse zu geben versucht:* Siehe dazu «Die Weihnachtstagung zur Begründung der Anthroposophischen Gesellschaft. Grundsteinlegung, Vorträge und Ansprachen, Statutenberatung, vom 24. Dezember 1923 bis 1. Januar 1924», GA Bibl.-Nr. 260.

27 *Nachrichtenblatt:* Die erste Nummer des «Nachrichtenblattes» oder «Mitteilungsblattes»: «Was in der Anthroposophischen Gesellschaft vorgeht» erschien am 13. Januar 1924. Die Zeitschrift erscheint als Beilage zur Wochenschrift «Das Goetheanum».

28 *Nachdem ich ... 1912 die persönliche Leitung ... abgegeben hatte:* Als 1912/13 die Trennung von der Theosophical Society (Adyar) erfolgte, in welcher Rudolf Steiner Generalsekretär der deutschen Sektion gewesen war, übernahm er in der neubegründeten Anthroposophischen Gesellschaft kein Vorstandsamt.

29 *daß ... allerlei Bestrebungen innerhalb der Anthroposophischen Gesellschaft aufgetreten sind:* Siehe dazu den Band «Anthroposophische Gemeinschaftsbildung», GA Bibl.-Nr. 257, sowie «Die Konstitution der Allgemeinen Anthroposophischen Gesellschaft und der Freien Hochschule für Geisteswissenschaft», GA Bibl.-Nr. 260a.

31 *die wöchentliche Formulierung von Leitsätzen:* Siehe «Anthroposophische Leitsätze», GA Bibl.-Nr. 26.

ich habe ... vom Goetheanum in Dornach aus betont, wie diese Gemeinschaft für christliche Erneuerung aufzufassen ist im Verhältnis zur Anthroposophischen Gesellschaft: Siehe den Vortrag vom 30. Dezember 1922 in «Das Verhältnis der Sternenwelt zum Menschen und des Menschen zur Sternenwelt», GA Bibl.-Nr. 219.

34 *Feindseligkeiten usw.:* Vgl. Hinweis zu S. 29.

35 *Der Titel hieß: «Praktische Karma-Übungen»:* Vortrag am 20. Oktober 1902 anläßlich der konstituierenden Generalversammlung der Deutschen Sektion der Theosophischen Gesellschaft. Von diesem Vortrag gibt es keine Nachschrift.

40ff. *Harun al Raschid,* 766–809, Kalif von Bhagdad.

Karl der Große, 742–814.

41 *Francis Baco von Verulam,* 1561–1616, englischer Staatsmann und Philosoph.

42 *Johann Amos Comenius,* 1592–1670, Pädagoge, Philosoph, Theologe. Begründer der modernen Erziehung, Bischof der Mährischen Brüder. – «Pansophiae prodromus», Oxford 1639.

43ff. *Conrad Ferdinand Meyer,* 1825–1898. «Der Heilige», Novelle, Leipzig 1880; «Jürg Jenatsch», eine Bündnergeschichte, Leipzig 1876.

44 *Thomas Becket,* 1118–1170, Erzbischof. Wurde am Altar der Kathedrale von Canterbury am 29. Dezember 1170 erschlagen.

49 *Johann Heinrich Pestalozzi,* 1745–1827, Schweizer Pädagoge.

ÜBER DIE VORTRAGSNACHSCHRIFTEN

Aus Rudolf Steiners Autobiographie «Mein Lebensgang» (35. Kap., 1925)

Es liegen nun aus meinem anthroposophischen Wirken zwei Ergebnisse vor; erstens meine vor aller Welt veröffentlichten Bücher, zweitens eine große Reihe von Kursen, die zunächst als Privatdruck gedacht und verkäuflich nur an Mitglieder der Theosophischen (später Anthroposophischen) Gesellschaft sein sollten. Es waren dies Nachschriften, die bei den Vorträgen mehr oder weniger gut gemacht worden sind und die – wegen mangelnder Zeit – nicht von mir korrigiert werden konnten. Mir wäre es am liebsten gewesen, wenn mündlich gesprochenes Wort mündlich gesprochenes Wort geblieben wäre. Aber die Mitglieder wollten den Privatdruck der Kurse. Und so kam er zustande. Hätte ich Zeit gehabt, die Dinge zu korrigieren, so hätte vom Anfange an die Einschränkung «Nur für Mitglieder» nicht zu bestehen gebraucht. Jetzt ist sie seit mehr als einem Jahre ja fallen gelassen.

Hier in meinem «Lebensgang» ist notwendig, vor allem zu sagen, wie sich die beiden: meine veröffentlichten Bücher und diese Privatdrucke in das einfügen, was ich als Anthroposophie ausarbeitete.

Wer mein eigenes inneres Ringen und Arbeiten für das Hinstellen der Anthroposophie vor das Bewußtsein der gegenwärtigen Zeit verfolgen will, der muß das an Hand der allgemein veröffentlichten Schriften tun. In ihnen setzte ich mich auch mit alle dem auseinander, was an Erkenntnisstreben in der Zeit vorhanden ist. Da ist gegeben, was sich mir in «geistigem Schauen» immer mehr gestaltete, was zum Gebäude der Anthroposophie – allerdings in vieler Hinsicht in unvollkommener Art – wurde.

Neben diese Forderung, die «Anthroposophie» aufzubauen und dabei nur dem zu dienen, was sich ergab, wenn man Mitteilungen aus der Geist-Welt der allgemeinen Bildungswelt von heute zu übergeben hat, trat nun aber die andere, auch dem voll entgegenzukommen, was aus der Mitgliedschaft heraus als Seelenbedürfnis, als Geistessehnsucht sich offenbarte.

Da war vor allem eine starke Neigung vorhanden, die Evangelien und den Schrift-Inhalt der Bibel überhaupt in dem Lichte dargestellt zu hören, das sich als das anthroposophische ergeben hatte. Man wollte in Kursen über diese der Menschheit gegebenen Offenbarungen hören.

Indem interne Vortragskurse im Sinne dieser Forderung gehalten wurden, kam dazu noch ein anderes. Bei diesen Vorträgen waren nur Mitglieder. Sie waren mit den Anfangs-Mitteilungen aus Anthroposophie bekannt. Man konnte zu ihnen eben so sprechen, wie zu Vorgeschrittenen auf dem Gebiete der Anthroposophie. Die Haltung dieser internen Vorträge war eine solche, wie sie eben in Schriften nicht sein konnte, die ganz für die Öffentlichkeit bestimmt waren.

Ich durfte in internen Kreisen in einer Art über Dinge sprechen, die ich für die öffentliche Darstellung, wenn sie für sie von Anfang an bestimmt gewesen wären, hätte anders gestalten *müssen.*

So liegt in der Zweiheit, den öffentlichen und den privaten Schriften, in der Tat etwas vor, das aus zwei verschiedenen Untergründen stammt. Die ganz öffentlichen Schriften sind das Ergebnis dessen, was in mir rang und arbeitete; in den Privatdrucken ringt und arbeitet die Gesellschaft mit. Ich höre auf die Schwingungen im Seelenleben der Mitgliedschaft, und in meinem lebendigen Drinnenleben in dem, was ich da höre, entsteht die Haltung der Vorträge.

Es ist nirgends auch nur in geringstem Maße etwas gesagt, was nicht reinstes Ergebnis der sich aufbauenden Anthroposophie wäre. Von irgend einer Konzession an Vorurteile oder Verempfindungen der Mitgliedschaft kann nicht die Rede sein. Wer diese Privatdrucke liest, kann sie im vollsten Sinne eben als das nehmen, was Anthroposophie zu sagen hat. Deshalb konnte ja auch ohne Bedenken, als die Anklagen nach dieser Richtung zu drängend wurden, von der Einrichtung abgegangen werden, diese Drucke nur im Kreise der Mitgliedschaft zu verbreiten. Es wird eben nur hingenommen werden müssen, daß in den von mir nicht nachgesehenen Vorlagen sich Fehlerhaftes findet.

Ein Urteil über den Inhalt eines solchen Privatdruckes wird ja allerdings nur demjenigen zugestanden werden können, der kennt, was als Urteils-Voraussetzung angenommen wird. Und das ist für die allermeisten dieser Drucke *mindestens* die anthroposophische Erkenntnis des Menschen, des Kosmos, insofern sein Wesen in der Anthroposophie dargestellt wird, und dessen, was als «anthroposophische Geschichte» in den Mitteilungen aus der Geist-Welt sich findet.

RUDOLF STEINER GESAMTAUSGABE

Gliederung nach: Rudolf Steiner – Das literarische
und künstlerische Werk. Eine bibliographische Übersicht
(Bibliographie-Nrn. *kursiv* in Klammern)

A. SCHRIFTEN

I. Werke

Goethes Naturwissenschaftliche Schriften, eingeleitet und kommentiert von R. Steiner, 5 Bände, 1883/97, Neuausgabe 1975, *(1a-e)*; separate Ausgabe der Einleitungen, 1925 *(1)*

Grundlinien einer Erkenntnistheorie der Goetheschen Weltanschauung, 1886 *(2)*

Wahrheit und Wissenschaft. Vorspiel einer ‹Philosophie der Freiheit›, 1892 *(3)*

Die Philosophie der Freiheit. Grundzüge einer modernen Weltanschauung, 1894 *(4)*

Friedrich Nietzsche, ein Kämpfer gegen seine Zeit, 1895 *(5)*

Goethes Weltanschauung, 1897 *(6)*

Die Mystik im Aufgange des neuzeitlichen Geisteslebens und ihr Verhältnis zur modernen Weltanschauung, 1901 *(7)*

Das Christentum als mystische Tatsache und die Mysterien des Altertums, 1902 *(8)*

Theosophie. Einführung in übersinnliche Welterkenntnis und Menschenbestimmung, 1904 *(9)*

Wie erlangt man Erkenntnisse der höheren Welten? 1904/05 *(10)*

Aus der Akasha-Chronik, 1904/08 *(11)*

Die Stufen der höheren Erkenntnis, 1905/08 *(12)*

Die Geheimwissenschaft im Umriß, 1910 *(13)*

Vier Mysteriendramen: Die Pforte der Einweihung – Die Prüfung der Seele Der Hüter der Schwelle – Der Seelen Erwachen, 1910/13 *(14)*

Die geistige Führung des Menschen und der Menschheit, 1911 *(15)*

Anthroposophischer Seelenkalender, 1912 *(in 40)*

Ein Weg zur Selbsterkenntnis des Menschen, 1912 *(16)*

Die Schwelle der geistigen Welt, 1913 *(17)*

Die Rätsel der Philosophie in ihrer Geschichte als Umriß dargestellt, 1914 *(18)*

Vom Menschenrätsel, 1916 *(20)*

Von Seelenrätseln, 1917 *(21)*

Goethes Geistesart in ihrer Offenbarung durch seinen Faust und durch das Märchen von der Schlange und der Lilie, 1918 *(22)*

Die Kernpunkte der sozialen Frage in den Lebensnotwendigkeiten der Gegenwart und Zukunft, 1919 *(23)*

Aufsätze über die Dreigliederung des sozialen Organismus und zur Zeitlage 1915-1921 *(24)*

Kosmologie, Religion und Philosophie, 1922 *(25)*

Anthroposophische Leitsätze, 1924/25 *(26)*

Grundlegendes für eine Erweiterung der Heilkunst nach geisteswissenschaftlichen Erkenntnissen, 1925. Von Dr. R. Steiner und Dr. I. Wegman *(27)*

Mein Lebensgang, 1923/25 *(28)*

II. Gesammelte Aufsätze

Aufsätze zur Dramaturgie 1889-1901 *(29)* – Methodische Grundlagen der Anthroposophie 1884-1901 *(30)* – Aufsätze zur Kultur- und Zeitgeschichte 1887-1901 *(31)* – Aufsätze zur Literatur 1886-1902 *(32)* – Biographien und biographische Skizzen 1894-1905 *(33)* – Aufsätze aus «Lucifer-Gnosis» 1903-1908 *(34)* – Philosophie und Anthroposophie 1904-1918 *(35)* – Aufsätze aus «Das Goetheanum» 1921-1925 *(36)*

III. Veröffentlichungen aus dem Nachlaß

Briefe – Wahrspruchworte – Bühnenbearbeitungen – Entwürfe zu den Vier Mysteriendramen 1910-1913 – Anthroposophie. Ein Fragment aus dem Jahre 1910 – Gesammelte Skizzen und Fragmente – Aus Notizbüchern und -blättern – *(38-47)*

B. DAS VORTRAGSWERK

I. Öffentliche Vorträge

Die Berliner öffentlichen Vortragsreihen, 1903/04 bis 1917/18 *(51-67)* – Öffentliche Vorträge, Vortragsreihen und Hochschulkurse an anderen Orten Europas 1906-1924 *(68-84)*

II. Vorträge vor Mitgliedern der Anthroposophischen Gesellschaft

Vorträge und Vortragszyklen allgemein-anthroposophischen Inhalts – Christologie und Evangelien-Betrachtungen – Geisteswissenschaftliche Menschenkunde – Kosmische und menschliche Geschichte – Die geistigen Hintergründe der sozialen Frage – Der Mensch in seinem Zusammenhang mit dem Kosmos – Karma-Betrachtungen – *(91-244)*
Vorträge und Schriften zur Geschichte der anthroposophischen Bewegung und der Anthroposophischen Gesellschaft *(251-263)*

III. Vorträge und Kurse zu einzelnen Lebensgebieten

Vorträge über Kunst: Allgemein-Künstlerisches – Eurythmie – Sprachgestaltung und Dramatische Kunst – Musik – Bildende Künste – Kunstgeschichte – *(271-292)* – Vorträge über Erziehung *(293-311)* – Vorträge über Medizin *(312-319)* – Vorträge über Naturwissenschaft *(320-327)* – Vorträge über das soziale Leben und die Dreigliederung des sozialen Organismus *(328-341)* – Vorträge für die Arbeiter am Goetheanumbau *(347-354)*

C. DAS KÜNSTLERISCHE WERK

Originalgetreue Wiedergaben von malerischen und graphischen Entwürfen und Skizzen Rudolf Steiners in Kunstmappen oder als Einzelblätter: Entwürfe für die Malerei des Ersten Goetheanum – Schulungsskizzen für Maler – Programmbilder für Eurythmie-Aufführungen – Eurythmieformen – Skizzen zu den Eurythmiefiguren, u.a.

Die Bände der Rudolf Steiner Gesamtausgabe
sind innerhalb einzelner Gruppen einheitlich ausgestattet
Jeder Band ist einzeln erhältlich.